向上社交

奇迹商人◎著

图书在版编目（CIP）数据

向上社交 / 奇迹商人著 . -- 北京 : 华龄出版社，
2023.12

ISBN 978-7-5169-2654-3

Ⅰ . ①向… Ⅱ . ①奇… Ⅲ . ①社会交往—通俗读物
Ⅳ . ① C912.3-49

中国国家版本馆 CIP 数据核字 (2023) 第 243821 号

向上社交

作　　者　奇迹商人

责任编辑　梁玉刚

责任印制　李未圻

出版
发行　华龄出版社 HUALING PRESS

社址　北京市东城区安定门外大街甲 57 号

邮编　100011

发行　010-58122255

传真　010-84049572

承印　三河市京兰印务有限公司

版次　2023 年 12 月第 1 版

印次　2023 年 12 月第 1 次印刷

规格　700mm × 1000mm

开本　1/16

印张　12.5

字数　150 千字

书号　ISBN 978-7-5169-2654-3

定价　68.00 元

在谈到竞争力的时候，人们经常会谈论个人能力和个人素质，却常常忽略一个要素：社会关系。找工作便能将这一点体现得淋漓尽致，很多能力很强的人未必能找到心仪的工作，便是由于找工作不仅仅依靠个人的专业能力。对于多数人来说，个人的发展问题不仅涉及能力、运气，还涉及社会关系，谁拥有更好的社会关系，谁就更容易获得发展的机会。

在谈到社会关系的时候，很多人首先会想到人脉和社会关系网络，于是编织一张实用的社会关系网络成为很多人的重要工作。社会学家伯恩·思希曾经提出一个著名的1:25裂变定律，按照他的说法，人们只要认识了一个人，就可以认识这个人背后的25个人。这也是拓展人际关系的一个基本定律。因此，很多人认为只要认识更多的人，自己就可以编织一张很广的人际关系网络，为自己的发展助力。然而，他们忽略了一个基本的问题：在这些人际关系当中，有多少是真正有价值的呢？

在信息时代，人们可以通过各种社交软件与更多的人建立社交联系，但是这些社交活动是否能够给我们带来帮助呢？恐怕结果会令很多人感到失望。实际上，很多人仍旧停留在无效社交的阶段，他们只是单纯地积累人际关系的数量优势，却从未思考过社交的质量问题。当一个人拥有几百甚至几千个所谓的社交伙伴和朋友时，他们是否会给他的发展带来实质性的帮助，是否会推动他的事业更上一层楼，是否能够推动他的技术实现质的飞跃，是否会在他遭遇困境的时候施以援手？

真正的社交应该把握那些关键的人际关系，应该掌控那些高价值的人际关系，换句话说，就是将原有的社交模式从数量扩张向质量提升上转移。一个聪明的社交者会精心选择合适的社交对象，会格外看重社交对象的价值，他会对那些优秀的人才感兴趣，也会将自己的时间和精力放在结交那些优秀的群体之上。

比如，大学往往就像一个社团，学生往往会互帮互助，校友之间的关系往往会延续到工作当中，最典型的就是常春藤名校。当一个学生进入常春藤学校之后，他在毕业后有可能直接借助名校效应获得一份不错的工作；即便他们无法找到心仪的工作，也可以求助学校里的学生会以及其他一些组织，从而获得良好的就业机会。

如果说常春藤名校的社交网络非常广，内部的资源非常丰富，有助于毕业生找工作，那么麦肯锡公司便是一个优质的资源库。很多人都害怕被公司辞退，因为被辞退的员工往往会沦为弱势群体，即便是世界500强的职员，也害怕被辞退后难以找到合适的工作。不过，在麦肯锡公司却截然不同，在辞退职员时公司会尽可能做好周到的安排。公司的领导会写几封推荐信，为每一个即将被辞退的员工争取到两三家国际大公司的面试机会，利用自己的社会资源帮忙牵线搭桥。这样，员工在离职后不会陷入失业的困境中，不少职员正是依靠这些推荐信进入了知名企业。

从常春藤学校到麦肯锡公司，都说明了这样一个问题：一个人所处的圈子往往会决定他们的发展空间，会决定他们的资源。因此，人们想获得更好的资源，就需要想方设法认识更优秀的人，进入一个更有价值的社交圈。这就是所谓的向上社交。简单来说，向上社交就是认识和接触那些比自己更优秀的人，争取和这些人建立更深的联系，为自己的发展提供更强大的助力。

向上社交是个人发展所需的一个重要手段，也是个人寻求自我突破的一个重要方法，很多聪明的人都会通过向上社交来寻求发展的捷径。

索尼公司的创始人盛田绍夫在1963年花重金购入曼哈顿第五大道的一处房产。当时很多人都不理解他为什么要这么做，毕竟索尼公司的发展刚刚有起色，还需要更多的资金来运作，盛田绍夫此时花那么多钱来享受，这无疑会影响公司的发展和股东的信任。然而，盛田绍夫这种做法恰恰表明他拥有比大家更长远的眼光，他之所以选择在曼哈顿第五大道置业，就是因为这里聚集了很多世界500强的董事长和CEO。盛田绍夫希望和这些优秀的人生活在一个环境中，通过日常的接触来建立更稳定的关系，然后借助他们的资源拓展自己的商业版图。实际上，盛田绍夫和那些商业精英成为邻居后，索尼公司在美国市场的发展越来越快，市场占有率很快就翻了几倍。

优秀的人往往渴望和那些更优秀的人待在一起，如果人们打算拓展自己的社交，就要想办法寻求向上社交的机会。向上社交本身就代表了一种生存和发展的欲望，美国著名心理学家马修·利伯曼提出一个观点：社交是人类的本能反应。他带领团队经过多年的调研，发现大脑中存在一个“默认网络”，这个网络专门负责训练人类的社交行为并进行模拟。在给人们进行核磁共振检查的时候，马修·利伯曼发现当大脑暂停某项工作时，并没有停止运转，而是打开了内部的默认网络，开始训练和强化社交能力。大脑会自动设定自己的角色，并模拟外界的看法，以及模拟个体对外界的反应。

大脑的这种强化行为其实也对应了人类社交活动的一些特点，比如人们都渴望和那些更加优秀的人建立社交关系，并且有意推动自己去实现这些目标，只是很多时候人们受社会关系和社交经历的影响致使决心不足。

那么，人们该如何实现向上社交，如何提升向上社交的效果呢？这正是本书的主题。本书讲述了向上社交的一些基本信息，从信息收集、积极性、自我包装、价值展示、情感交流、调整能力、社交锻炼等几个方面进行分析，构建了一个丰富的向上社交体系。人们通过这个体系，就可以把握向上社交的一些基本逻辑和方法。

为了帮助读者更好地理解向上社交，更快地掌握向上社交的相关方法，本书用非常通俗的语言进行编写，将一些生涩的、复杂的心理学概念和社交理论进行分解，尽可能以大众都能理解的方式呈现出来。同时，本书在结构上也做了一些调整，确保可以按照更清晰的逻辑来呈现相关内容。

奇迹商人

2023年10月

目录

contents

目录 contents

第一章

— 不可不知的向上社交 —

如果进行观察和分析，就会发现，生活中绝大多数的社交模式都是同圈层内的交流，不同阶层和圈层的人，有不同的社交需求和不同的社交特点。多数人都有向上社交的需求和倾向性，不过因为对向上社交不够了解，导致自己经常陷入狭隘的社交状态，并对向上社交产生诸多质疑。只有了解向上社交的概念，才能更好地推动向上社交。

环境影响个人的发展

英国曾经拍摄过一个纪录片，摄制组选择了十几个位于不同社会阶层的孩子，然后进行长期追踪。摄制组每隔七年就会对这些孩子进行记录，看看他们的成长状态。从7岁开始，到14岁、21岁、28岁，一直坚持到56岁，结果摄制组发现不同阶层孩子的思维方式完全不同。

那些出生在上层社会的孩子，在7岁的时候就开始接触《金融家》和《观察家》这类经济读物，并制定了明确的人生目标：将来应该上什么学校，和什么人交往，成为什么样的社会精英。

出生中产家庭的孩子，很小的时候便有自己的梦想，他们会制定学习和工作的目标，也会尝试去接触那些更优秀的人，还渴望和那些家庭条件更好的孩子接触。

而那些家庭贫困的孩子，根本没有资本去思考将来要上什么学校，要找什么工作，也不知道应该从哪些方面培养自己的兴趣爱好。他们最大的心愿就是能够吃饱饭，能够拥有上学的机会，能够更少地被老师罚站和打骂。

在几十年以后，这些孩子的发展迥然不同。上层社会的孩子最终仍旧活跃在上层社会，他们大都是社会精英，具有很好的教育背景，拥有令人羡慕的工作，有人成了企业家和政治家，而且他们对于人生有着更高层次的规划，看待事情的视野也更加开阔。中产家庭的孩子也接受了不错的教育，很多人像父母一样成了中产阶层中的一员，他们在大公司里担任高管，或者拥有自己的事业。而那些贫困家庭的孩子基本上还生活在社会的底层，依旧坚持为别人打工，通过辛苦的劳动来换取报酬。

为什么跨越阶层如此艰难？主要原因就在于环境的制约。由于从小生活的环境不一样，人们思维的层次、获得的资源、目标的定位都不一样。良好的环境往往会帮助人养成良好的生活习惯，培养良好的品质，也会培养良好的思维模式。

不同阶层的人所能获得的资源是完全不同的，这是一个不可忽视的残酷现实。香港电台曾经拍摄过一部真人纪实片《穷富翁大作战》，在节目中，导演邀请了上市公司的CEO、富二代、律师等社会精英去体验一周的流浪汉和环卫工人的生活。

一个社会精英接受了这个挑战，他负责体验一周的环卫工生活。一开始他自信满满，认为只要依靠自己的能力，很快就能从环卫工变成有钱人。然而，他体验了两天之后，绝望地发现他实在是高估自己了。当每天住在只容下一个人睡觉的笼屋里，生活费只有50元，却要每天工作9个小时的时候，他感觉自己明显被榨空了，根本没有多余的时间和精力去谋划未来的生活，也没有能力去计划如何做出改变。更无奈的是，当自己身处环卫工这个阶层的时候，才发现自身资源的严重匮乏，几乎找不到任何有效的助力，他这时才意识到阶层和环境给人带来的巨大束缚。

社会心理学中有一个重要的名词：社会身份。这个词的主要意思是，当人身处一个群体中的时候，就会迅速找到属于自己的社会身份，并且尽可能让自己符合这个社会身份。社会身份是社会认同理论中的一个重要观点，它主要强调了个人在社会群体中的同化现象。身处不同阶层的人，往往会找到各自对应的社会身份，并且所作所为都会与之搭配。其实社会身份这个概念本质上和心理学中的链状效应是一样的，都强调人与人之间的相互影响以及环境对个人的影响。

很多人都听过这样一个理论，一个人的收入等于身边最亲密的6个朋友收入的平均数。简单来说，如果身边关系最好的6个朋友的年收入分别是12万元、14万元、13万元、11万元、10万元、15万元，那么这个人的收入大致为12.5万元。如果更进一步进行分析，自己的思维层次和身边的朋友基本上也差不多：对于自身发展的看法，对于人生的规划，以及思考的模式等。这一点可以通过镜像神经元的运作机制来解释，毕竟一个人的行为往往受到其他人的影响。人们会观察周边人是如何工作的，是如何思考和执行的，这种模仿会慢慢形成习惯，最终决定了个人的生活和工作模式，决定了个人的思维模式，自然也就决定了个人的收入。

这个理论的背后实际上揭示了人们在日常生活中的普遍困局，即人们很容易被困在现有的环境里，个人的思维和视野都会被限制在当前的环境中。环境既塑造了个人的身份，也限制了个人的发展，当个人积极寻求社会身份的时候，通常会选择和周边同一身份的人交往，比如医生往往会和医生交朋友，出租车司机也习惯了和出租车司机待在一起。人们已经习惯了和自己差不多层次的人交流，自身的思维层次也停留在了和大家差不多的水平上。

其实，在谈论社交活动的时候，有一个词常常被提及，那就是“圈子”。它比环境更加具体，尽管很多时候有关圈子的描述并不那么明显，它也不像实物那样拥有具体的形态，但它实实在在地影响着人们的生活，主导着人们的行为模式和思维模式。可以说，社交质量往往就是通过圈子呈现出来的，不同的社交者会处在不同的社交圈中，而不同的社交圈又决定了社交层次和社交价值的高低。比如，很多超级富豪会组建属于自己的小团队，这个团队中的成员可能都是身家百亿美元起步；一些所谓的车友圈和收藏品的圈子也是如此，表面上是以兴趣爱好为主导的，实际上还是个人财富和社会地位的一种呈现，达不到那个社会层次的人是很难拿到入场券的。在创业领域也是如此，顶级企业家往往会组建一个组织，就像国内一年一度的互联网大会。

和环境一样，人们所处社交圈层越高，发展也就越好。不过，这个社会基本都是按照“二八原则”来进行资源分配的，80%的人都处在中低阶层，他们的社交圈都是中低阶层。而想要改变自己的生存面貌，想要改变自己的社交状态，最好的方式就是跳出去，去寻求更有价值的社会关系，想办法进入更高的社交圈。

平行社交、向下社交、向上社交

社交是人类社会中一种最基本的行为模式，可以说任何人都需要社交，也都离不开社交活动。从远古时代起，人类就意识到了社交的价值和重要性，而且进化出了自带社交属性的基因。比如，人类的大脑进化出了独特的奖励回路，当周边的人遭遇困境的时候，这个奖励回路会督促人类采取行动，进行救助，并对救助行为给予必要的奖励，使人心情愉悦。可以说，为了应对恶劣的生存环境，古人的大脑进化出了一套行之有效的神经回路系统，整个系统中拥有基本的编码和程序设定，人们下意识地就会按照这种设定去执行。

不仅如此，科学家研究发现人类的大脑具有天然相互连接的特点，当其他人做出某种动作或者某种行为时，人类的镜像神经元会产生放电现象，确保人类可以相互理解，并给予适当的反应。比如，人们经常会说“近朱者赤，近墨者黑”，人们确实会受周围人的影响：和那些懒惰的人在一起，自己往往也会变得懒惰；和那些游戏迷在一起，自己也可能变成一个游戏迷；和那些肥胖的人交朋友，自己也有可能会慢慢变胖。为什么会这样呢？原因就在于镜像神经元会督促人们相互模仿，督促人们去理解他人的行为模式，以便与他人建立更稳定的关系。

考虑到社交的天然属性以及个人神经机制的影响，人们在社交的时候倾向于让自己变得更好，也倾向于和他人建立更稳定的连接。在社交中，三种不同的社交模式在人们的生活中发挥着重要的作用。

首先是平行社交。交流双方的社会地位、个人能力、财富积累、思想水平都处在差不多的层次上，通常情况下，在一个相对稳定的朋友圈中，大家的能力值和水平都是差不多的。可以说，大多数时候，人们的社交模式都属于平行社交。

一个人和朋友们一起出去游玩，参加各种聚会，或者一起闲聊某些社会话题，这些都属于平行社交的范畴。在工作中，每天都要和同事打交道，共同完成工作任务，这也属于平行社交。由于交流双方处在相同层次，会拥有更多的共同语言，理解能力也没有太大的差距，大家在一起不会有太多的交流障碍，因此平行社交成了社交的主流。

其次是向下社交，向下社交是指人们与层次低于自己的人建立社交连接，这种社交模式一般具有管理属性，比如某公司的领导为了了解基层工作，更好地进行管理，就会定期或不定期地与下属沟通交流，并期望赢得对方的支持和信任。一些参加选举的候选人同样会试图接近那些更底层的投票者，目的就是为了拉近彼此之间的关系，了解大家的真实想法，为实现自己的目标做好铺垫。

最后是向上社交。向上社交与向下社交截然相反，参与社交的人为了获得更好的资源，为了获得更大的帮助，往往会寻找机会去认识比自己更加优秀的人，争取与那些更高层次的人建立连接。向上社交是个人谋求更好发展机会的一种真实体现，也是价值最高的一种社交模式。一般来说，参与向上社交的人会选择自己行业内的顶尖人才、工作中的领导、社会地位更高的人进行交流，目的是为了从对方身上获得更有价值的东西。

在向上社交中，人们往往有两种意图：第一种直接向对方寻求帮助，希望对方可以运用自己强大的实力帮助解决问题，比如某人搞学术研究，但是遭遇了很多难题，自己根本无法理解和解决，只能向行业内的顶尖专家寻求指导；第二种是希望认识对方，借助对方的社会影响力和资源，帮助自己打开更广阔的社交空间，比如某人一直想要加入某某协会，可是由于自身不够资格，只能寻求协会中的某个大人物帮忙，让对方引荐自己进入社交圈，从而认识更多的协会成员。

这三种社交模式通常代表了人们不同的需求：平行社交更多的是情感交流，人与人之间的社交活动大都是为了促进感情的维系，即便是同事之间的交流与合作，也具有情感联结的属性；向下社交和管理有关，基本上是为了寻求更多的支持，确保自己的事业不会受到影响；而向上社交更多的是寻求人生的进步，期望自己可以变得更强，可以进入更高的层次。

其实，人都具有向上发展的需求，为了获得更好的生存环境，为了更好地应对社会竞争，人们需要接触更好的环境，接触更优秀的人，以此来赢得更好的发展机会。可以说，向上社交是个人进步和成长的一个必要手段，因此人们需要继续推进和强化向上社交的模式，给自己打开一个更好的发展通道。

寻找更优秀的人，突破现有的社交圈

很多人都听说过股神巴菲特的大名，并为他出色的投资能力而折服。其实，巴菲特在没有认识好友查理·芒格之前，一直都在购买那些便宜的股票以及那些高价值的股票，巴菲特的朋友也是这样做的。大家都认为，一只股票如果价格便宜，那么增值的空间就相对更大一些；一只股票的价值越高（优质股），那么企业发展的潜力也越大，增值的空间也会更大一些。

认识查理·芒格之后，巴菲特接触到了更先进、更合理的选股模式和投资模式，那就是在投资中纳入时间线，即长期持有那些优质股，借助时间来实现复利。比如巴菲特此前购买一只股票后，可能只愿意持有半年或者一年左右的时间，即便股票的收益率很高，收益也是非常有限的；而当他愿意持有一只股票10年、20年甚至50年以上时，收益便达到了几百倍甚至几千倍。

巴菲特曾经感慨地说道，芒格让他从猩猩进化成人类。这是因为芒格带他突破了思维层次的局限，将他提升到了一个更高的层次上，这是巴菲特社交上的一个重要时刻。普通人想要提升自己的收入，想要改变自己的社会地位，除了努力工作和学习之外，还需要积极进行向上社交，通过认识更多优秀的人，了解更多更高层次的思维模式，来突破自己的思维局限性。

很多人认为，只要自己努力，就可以变得更好，努力确实很重要，但更重要的取决于你认识什么人。很多时候，个人的努力会受到个人思维层次的影响。比如，很多名牌大学的毕业生进入社会后，大都会进入一家普通的公司上班，从底层开始打拼；可是如果认识某位大人物，可能会受到对方的关照，进入世界500强的公司上班，而且晋升速度更快。又比如，一个人在公司里工作非常努力，技能提升很快，可是由于专注于当前的工作，没有从更高更广的层次上看待这份工作，因此可能一辈子都在努力给老板打工；但是如果认识一些行业大佬，并得到对方的指点，对行业发展的理解更强，就可能把握时代发展的机遇，通过自主创业来获得更大的成功。

很显然，向上社交的一个巨大作用就是突破现有社交圈对个人设置的障碍，确保个人的思维和视野得到提升。进入更高层次的社交圈，不仅能够获得更多的优质资源，还能通过观察他们的一言一行，分析他们看待问题的方式和角度，从而让自己对事物的理解能力和做事的方法得到提升。

人们耳熟能详的孟母三迁，就是对环境和圈子的一种调整。孟母之所以多次搬家，就是因为孟母一直试图找到更好的环境，让儿子接触更优秀的人。其实，从心理学的角度来说，每个人都有一个舒适圈，这个舒适圈往往就是自己平时所处的社交圈。这个圈子里的人是自己认识的，和自己有着相同或者相似的爱好，层次和能力也和自己相当。身处这种环境，个人的生活压力相对较小，也不会有太大的精神负担。可是这样一来，每个人都会被自己当前所处的环境束缚，都会被自身的圈子限制，改变环境或者圈子里的人很困难，一个人不可能要求周边所有的人都像自己一样去寻求改变，不可能要求所有人都对自己提出更高的要求，或者设定更高的人生目标。当人们试图变得更好时，唯一能做的就是跳出现有的环境，争取进入一个更好的环境，让自己接触更优秀的人。

正因为如此，人们需要有目的、有标准、有要求地参加社交活动，要谨慎选择合适的社交对象，主动和那些更加优秀的人交往，主动进入更高层次的社交圈。

一般来说，进入更高层次的社交圈，需要依照特定的流程，即先进行评估，对人脉进行归类并贴上标签，然后制订社交计划，选择合适的目标对象。

所谓评估，简单来说就是判断对方是否足够优秀。在寻找那些更加优秀的人时，向上社交者不要仅仅查看对方的地位和能力，还要了解对方身上的优秀特质。优秀的人往往会有一些特质：他们比较独立，能够依靠自己赢得更多的发展机会，或者依靠自己就可以变得更强；他们具有稳定的情绪和良好的自我控制能力，拥有积极的生活态度；他们具有强大的学习能力，非常重视知识积累，喜欢阅读各种书籍；他们的思维层次很高，具有远大的目标和宽广的视野。

归类是指在评估之后，对潜在的社交对象进行分类，这种分类可以按照行业或者职业属性来划分，也可以按照地域属性来划分，但是最常见的是按照能力值大小和地位高低进行划分。简单来说，就是建立一个档案，关键的人脉归为第一档，重要的人脉归为第二档，普通的人脉归为第三档。这样一来，在产生向上社交的需求之前，就可以有针对性地挑选合适的对象。在完成归类之后，就可以给不同的人贴上不同的价值标签。

当完成评估和分类之后，就可以针对自己的需求制订社交计划，并选择合适的对象。对于向上社交者来说，整个社交计划必须给出一个明确的目标，要明确自己想要做什么，想要实现什么结果。只有保证计划的完整性，才能督促社交者更快地实现现有社交圈的突围。

向上社交的几大思维误区

向上社交是个人突破圈层，实现快速发展的一个重要手段，很多人都希望通过向上社交来实现自己的目标，但并不是所有人都了解向上社交，也不是所有人都掌握了向上社交的方法。在现实生活中，人们常常会因为一些误解，而导致向上社交失败。那么，人们对向上社交究竟存在哪些思维误区呢？

一、完全迎合对方，丧失独立性

对于向上社交者来说，迎合对方是一个基本的社交模式，也是推动向上社交的前提，但迎合对方并不意味着完全按照对方的喜好做事。很多向上社交者会完全按照对方的意志行事，明显缺乏自主意识，对方说什么就是什么，对方认为怎样就怎样，自己完全没有独立的想法和观点，甚至为了迎合对方而放弃自己的原则和诉求。

但实际上，每个人在向上社交的同时，都需要积极展示自我，即展现个体的独立意识，彰显个体的与众不同。如果一个人没有任何自主性，完全按照别人的意志行事，可能就会丧失个性，他的价值便会遭受质疑，最终自然很难打动对方。因此，我们在同那些更加优秀的人交往时，要适当迎合对方的需求和立场，更要懂得如何展示一个完整的、独立的自己，还要懂得如何控制社交的节奏和状态。

比如Facebook的创始人马克·扎克伯格是一个非常独裁和自我的人，他不喜欢别人违背自己的命令，但同样不喜欢那些完全服从自己而毫无主见的人，这种性格使得很多人都害怕与他交流，员工们大都躲着他。但是，公司内的首席运营官桑德伯格是一个另类，她每次向扎克伯格汇报工作，或者在私下谈论某件事的时候，总是大胆地说出自己的想法，有时两人还会因为某个问题发生争吵，桑德伯格一旦认为自己是正确的，就会寸步不让，坚定自己的想法和感觉，绝对不会妥协和迎合。也正是因为如此，她赢得了扎克伯格的信任，并一直被委以重任。

二、利益至上，功利性太强

在许多人眼中，向上社交是单纯为了满足自己的利益需要的一种社交模式，向上社交的目的就是为了获得对方的资源和经验，利用对方的优势来满足自身的发展需求。怀有这种想法的人往往会坚持实用主义，表现出很强的功利性，将向上社交变成一个谋取私利的工具。为了实现个人的发展和壮大，他们可能会放弃自己的原则和立场，将对方当成利用的对象，甚至可能会做一些伤害他人的事情。

这种坚持利益至上的想法，往往会因为具有太强的功利性而容易引起对方的反感。其实，社交活动本身具有情感交流的属性，因为人本身就具备丰富的情感，人与人之间的交流往往需要情感的加持来强化彼此之间的关系，即便是一些涉及利益交换的社交活动，也需要情感交流为依托。在向上社交中，情感交流是一个重要的催化剂，能够维持彼此之间关系的稳定和持续。人们需要改变自己的想法，不能将利益索取当成唯一的社交动力，也不要动辄就强调利益的互换与合作事宜，而要在向上社交活动中适当加强感情的维系。比如，多和对方谈谈心，聊一聊各自的生活，谈论一下各自的兴趣爱好，分享一些生活趣事，这些沟通方式无疑会给社交活动加分不少。

三、害怕被人拒绝

促使向上社交走向失败的原因是什么？很多人会说：不自信。有些人害怕向上社交，一提起向上社交就打退堂鼓，他们往往有这样的想法："对方不可能愿意搭理自己，即便交流，也会处处看不起自己""我的表现看起来很糟糕，实在有点丢人""他一定对我非常失望"……当人们产生这些想法的时候，往往会丧失向上社交的主动性和积极性，甚至拒绝和那些优秀的人接触。

向上社交者应该明白，即便自己被拒绝，也没有什么，自己并没有失去什么东西，而一旦对方愿意同自己交流，自己就可以获得更多的经验和资源。既然如此，为什么不大胆尝试一下，尽情地向对方展示自己的价值和魅力呢？任何人都具有自己的优势，任何人都具备自己的特点，只要充分地展示自我，人们将会获得更多的发展机会。

四、认为向上社交太麻烦别人

很多人对向上社交有心结，面对社会地位比自己高的人有自卑心理，认为自己没有相应的利益和价值可以跟对方交换，所以不好意思靠近对方。而高情商的人不会这样想，他们懂得适度地"麻烦"他人。

其实，工作中友好关系的建立，很多起源于适度地麻烦别人。"关于×××，我不太了解，能否跟我简单讲一下""你关于×××的设计太棒了，能否再让我看一下设计稿""你那天给我看的文章，是从哪个网站找的"……

适度地麻烦别人不仅可以得到帮助，还可以通过互动建立起更深层次的关系。

很多人习惯性地认为那些更加优秀的人并不愿意帮助自己，他们也看不上自己提出的那些小问题。然而，一个人如果不去尝试，将会永远被那些错误的思维束缚。保持社交的主动性，懂得去麻烦他人，这样无疑会给自己争取到更多的机会。

向上社交者必须避免以上几种常见的思维误区，这样才能保证以正确的、合理的方式来经营自己的社会关系。

不可不知的社交焦虑

许多人存在社交焦虑，这种焦虑在线上社交和社交软件大流行的今天，变得越来越严重。比如很多人都喜欢发朋友圈，当自己发表某条朋友圈后，会期待更多的人点赞和评论，但是也会随之产生焦虑情绪，会担心没人点赞，会担心有人给出负面的评论，会担心自己的内容不够好，会担心大家看不到……

在向上社交中更是如此，人们通常会非常在意对方是如何看待自己的，是如何评论自己发布的信息的，他们对社交过程、社交结果往往会过分关注，而这种过高的期待很容易增加个人的社交压力，并由此转化成为一种焦虑感。当焦虑感变得越来越严重时，可能就会产生恐惧和逃避心理，害怕去面对那些更加优秀的人，害怕在他们面前表现和展示自己，甚至可能导致自我封闭。

比如，有个人曾在某网站上发布了一个关于人工智能技术的观点，结果引来很多人点赞和评论，其中还包括人工智能领域的一位大咖，这让发布者感到惊喜和自豪，但与此同时，他也产生了焦虑情绪。以前他会自由发表信息和文章，但现在他担心自己的信息和动态如果不够好，可能会让对方感到失望，从而失去和对方建立深度交流的机会。因此，他每次发布信息时都会纠结好久，改了又改，想了又想，发布信息之后又会忐忑不安，既担心对方给出不好的评价，又担心对方不给任何评论，于是不得不频繁打开网站查看信息动态。两个月后，他开始害怕发布信息，也害怕登录这个网站查询，于是选择了注销账号。

社交焦虑是一种普遍存在的现象，在向上社交中，由于社交双方本身的差距，使得人们更容易陷入焦虑。从心理学的角度来看，焦虑主要分为4个层次：不知道做什么；不知道怎么做；做不到；不敢去做。以向上社交为例，不知道做什么，指的是人们迫切想要改变现状，但不知道应该做点什么；不知道怎么做，是指人们意识到了向上社交的重要性，但是对于如何展开向上社交，如何与优秀人士建立联系，仍旧不清楚；做不到，主要是指个人的自信心不足，在面对比自己更加优秀的人时，会认为双方的差距太大，对方不可能和自己建立联系，因此对于向上社交的结果并不看好，而且一直提醒自己“这事根本不可能做到”；不敢去做，和信心有关，但和做不到的心理不同的是，不敢去做的人从一开始就缺乏尝试的勇气，他们甚至不打算迈出第一步，以免自讨没趣。

无论是哪一种社交焦虑，都需要努力克服，否则会对个人的向上社交活动产生严重的影响。一般来说，人们需要调整自己的心态，调整自己过高的期待。

首先，向上社交的时候，人们应该调整患得患失的心理，不要总是担心自己会被别人拒绝，担心自己得不到想要的东西，担心关系处理不当会失去一个依靠。患得患失的心理往往和不自信有关，由于对自己缺乏信心，人们总是寄希望于他人，但是又担心自己表现得不够好，因此会产生矛盾的心理。

想要调整这种心理，就要保持自信，坚信自己拥有吸引他人的特质，坚信自己能够获得对方的认同。与此同时，向上社交的人要拿出一种乐观心态：即便对方拒绝了自己，自己也没有损失什么东西，大不了还是在原来的圈子里生活，而一旦自己获得了成功，就有机会使自己的生活得到提升。

其次，向上社交的人需要正视并接受负面反馈。很多人在向上社交的过程中，可能会遭到对方的批评，或者遭到对方的拒绝，这些负面的反馈往往会让向上社交的人感到失望，甚至产生自我怀疑。事实上，对方给出负面反馈并不意味着轻视我们，很多批评都带有激励的性质，对方只是希望我们变得更好。在苹果公司，几乎每一个骨干成员都被乔布斯骂过，他们的工作却越做越好，乔布斯对他们也越来越尊重。

如果对方拒绝我们，那只能说时机未到，或者说我们还没有做好足够的准备。我们要更加努力，不断提升自己的能力，然后寻求更好的社交方法，与对方建立更加稳定的联系。无论如何，我们需要转变观念，意识到负面反馈的价值，以此来减轻社交焦虑。

最后，向上社交的人要强化自信心，不要总是产生低人一等的想法，也不要总是觉得自己没有任何资本和对方建立联系。正确看待自己的能力，在认识到自身不足的同时，也要善于挖掘身上的闪光点和优势，并相信自己身上所展示出来的能力和价值可以吸引对方。正确地认识自己，可以让自己对社交活动产生更大的信心。事实上，每个人身上都有优势，这些优势和价值即便不会受到这个人的重视，也会得到另外一个人的认可，总有一个人可以从我们身上找到吸引人的特质。因此，只要选择合适的社交对象，我们还是可以顺利拓展向上社交的通道的。

总之，人们需要正确看待向上社交的问题，不仅仅要在具体的社交活动上做好准备，还要从心理上做好准备。建立正确的社交态度，调整好自己的心态，才能以更好的状态与更加优秀的人建立有效的联系。

向上社交是一个逐步提升社交层次的过程

底层人物想要结识最顶层的人，往往不能一蹴而就，需要一步步来经营自己的社交圈，将自己的社交圈不断进化和提升。因此，向上社交应该是一个动态的概念。

举一个简单的例子，一个很普通的中国人想要认识王健林，那么他首先需要想办法认识一些小企业家，有了这些关系之后再尝试接触对方的社交圈，然后争取认识一些有实力且经常做慈善的企业家。接着，通过参加一些慈善活动，想办法与王健林进行对话。

在整个流程中，一个普通人需要不断提升自己的社交圈层，需要逐步认识更高阶层的人，以此来实现结识王健林的目标。社会学上有一个著名的六度人脉理论，简单来说，就是一个人同另外一个人之间间隔不会超过六个人。这个理论实际上指出了一个基本事实，那就是人际关系有时候看起来非常遥远，但实际上彼此之间的关联性并没有那么远。在社会大融合的趋势下，想要认识一个和自己完全不相干的人，所要寻求的中间人越来越少。最重要的是，人们需要找到合适的高价值的人际关系，逐步向上建立连接。

也许很多人会觉得有些不可思议，认为底层的人和顶层的人之间隔着十万八千里，但从社交的角度来看，一个人想要大幅度跨越阶层还是可行的。不过需要把握两个关键点：第一，要找到合适的向上社交对象，即找到负责连接不同圈子的关键人物；第二，要循序渐进，不能妄想一步登天。

2005年，网络上流行了一个物物交换的社交游戏。美国外卖员凯尔·麦克唐纳拥有一枚特大号的红色曲别针，他将这枚曲别针放在网上，请求交换其他产品，结果有人用一支鱼形钢笔换走了曲别针。麦克唐纳很满意，于是接着用钢笔继续交换，很快就有人提出用一个绘有笑脸的陶瓷门把手来交换，这笔交易很快达成。几天之后，麦克唐纳又将陶瓷门把手换来了一个烤炉。而这个烤炉在一个月后被加州一名军官换走了，麦克唐纳得到了一个发电机，并且很快用它换了一个具有多年历史的百威啤酒桶。

麦克唐纳在网络上展示这个啤酒桶时，被加拿大一名电台播音员相中，对方希望能够收藏这个古典酒桶，于是提出用一辆旧的雪地汽车交换。麦克唐纳得到雪地汽车后，继续在网络上交换，将其变成了一辆敞篷车。麦克唐纳随即转手给了一位音乐家，作为交换，他得到了在工作室录制唱片的一份合同。当然，身为外卖员的麦克唐纳并不是迫切地需要这样一份合同，何况他也不是歌手，于是把这个机会给了一名落魄的歌手。歌手非常渴望获得这样的机会，于是直接用自己别墅一年的居住权作为交换。

通过一枚曲别针换到了一个大别墅的一年居住权，听起来有些不可思议，但实际上他是一步步实现和提升曲别针的交易价值的。在整个交换过程中，他一方面努力寻找最需要自己手上东西的人（这是交换的前提），另一方面强调资源交换的流动性。小的资源通过多次流动，可以逐步实现大的收益。

向上社交中往往也是如此，想要实现自身社交利益的最大化，就不要抱着“某一天会认识某个大人物”的想法，而要想办法逐步去提升自己的社交层次，争取让自己的个人价值流动起来。以一个演员为例，一开始他可能只能扮演路人甲，可是如果他主动和老演员沟通，拉近关系，当双方建立起稳定的联系后，可以通过这些老演员的推荐，获得出演小配角的机会。如果他拥有不错的演技，而且表现得兢兢业业，并和导演处好关系，导演会加重他的戏份，不久便会拥有一些代表作。慢慢地，更出色的导演会看到他，并邀请他进入剧组拍戏。

随着他进入的剧组越来越多，会认识更多一二线的明星，认识更多有实力、有地位的圈内人士，自己也开始有了更多的资源。通过和更多优秀的圈内人士合作、交流，这个演员的戏路会越来越宽，知名度也会越来越大。圈内人士都愿意给他提供机会，他将会参演一些大制作的影视剧，获得和大导演以及顶级演员合作的机会。

总之，想要克服阶层以及圈层的巨大差距所带来的阻隔，那么采取分步走的战略将是最佳选择。向上社交者绝对不能眼高手低，要脚踏实地逐步完成人际关系的经营，提升自己社交圈的层次。

逐步提升社交层次，还有另外一层意思，那就是拒绝原地踏步。在认识某些优秀的人士时，要懂得以此为踏板，继续向上攀登，继续接触那些更优秀的人。人们需要不断学习和强化自己的能力，在自我提升的同时，提升自己的社交层次。

第二章

—— 知己知彼，向上社交才更加顺畅 ——

在社交中，信息永远是一个关键要素。它是指引个人行动的重要保障，也是一个基本前提，只有掌握更多的信息，人们才有机会做出更好的决策，制订更合理的社交计划。当然，这里强调的信息不仅指对方的信息，还包括对自身的认知和了解。因为了解对方的信息会让自己占据一定的主动权，找到更精准的输出方式，而认识自我则有助于自己选择更合适的社交对象。

了解对方的行为模式，拒绝主观臆测

谈到向上社交的时候，很多人经常会出现一些惯性思维，将那些优秀的人定位成某一种固定的形象，或者惯性地解读他们的某些行为。比如，很多人认为那些社交对象非常优秀，无所不能，没有必要向下社交，只和那些成功人士、优秀人士打交道。又比如，很多人发现对方对自己爱理不理，很少说话，就认为对方看不起自己。

其实，这都是主观臆测，面对比自己更加优秀的人，人们通常会对双方之间的差距进行过分解读。想保证向上社交的效率，一定要先了解对方的基本情况，而不是针对某些现象进行臆测。

很多向上社交者都有“对方不愿意同我交流”的想法，而当他们认为那些社会精英不可能会和普通人交流时，其实恰恰忽略了一点：即便是高高在上的成功人士和社会精英，有时候也需要向下社交，他们也有情感需求和业务发展的需要。事实上，即便再优秀的人，他们的朋友圈中也不可能全是社会精英。因此，每个人都有机会实现向上社交。正如知名画家毕加索，无论是个人声望还是社会地位和财富，都处于社会顶级层面上，却和一个小剃头匠成了至交。

另外，一些人在向上社交时会对对方的一些行为产生不满，继而引发猜测，最常见的就是遭遇对方的冷处理，而这往往会让向上社交者感到生气和自卑。其实，这大可不必，因为每一个人的性格都不同，比如当人们面对一个内向的人时，可能就会遭遇一些沟通的阻力。又或者对方不太喜欢贸然的拜访，不太喜欢在休息时间被人打扰，因此贸然拜访对方可能就会受到冷遇。

一名记者准备采访一位企业家，双方约定第二天早上在企业家公司门口见面。然而，当记者第二天早上8点赶到公司门口时，企业家并没有出现。记者在公司门口等了半个小时，对方依然没有出现。记者感到很生气，认为对方对自己不够尊重，正当他准备离开时看到了门口的保安，于是与保安交谈起来。保安告诉这位记者，这个企业家每天早上7点准时上班，任何想要见他的人只能安排在7点以前，这是他多年来的一个惯例。

记者这个时候才知道，原来企业家并没有不尊重自己。他非常后悔自己事前没有多做功课，白白错过了这一次采访的机会，还给对方留下了很不好的印象。

社交从某种意义上来说是一场博弈，向上社交更是如此。为了获得预期的收益，社交者必须想办法掌握更充分的信息，因为在博弈中，信息往往就是取胜的关键因素。身处弱势的人想要接近并说服对方，需要依靠关键信息的引导，如果盲目猜测和制定策略，可能会给自己制造麻烦。

有个人打算向老板提出涨工资，他本想让老板给自己涨15%的工资，他说："老板大概会讨价还价，会针对自己工作中的一些问题进行批评，15%也许不太可能了，只要涨10%，我就心满意足了。"不料，当他开口同老板讲涨工资的事情时，老板非常高兴地说："我也正准备同你说这件事呢！你在过去一年的工作很出色，我同意给你涨15%的工资。"这个时候，这个人或许会感到后悔，因为按照老板的态度，即便自己提出涨25%的工资，相信老板也会同意。

在这里，这个人之所以没有实现个人利益的最大化，就是因为对老板的为人不够了解，对自身的工作也不了解，对于老板是如何看待自己的也不了解。由于缺乏信息，他在同老板议价时自然陷入了被动的局面。

其实，每一种行为背后都体现了个人的意志表现，体现了个人的一些性格特征，人们需要想办法观察他人的行为，并以此来挖掘行为背后的信息，从中找到那些主导行为模式的关键要素。在没有获得足够多的信息之前就做出猜测，并不是明智的做法。一个聪明的社交者会提前了解对方的信息，弄清楚对方平时的样子，了解对方的社交习惯和基本的行为模式，在弄清楚对方的基本信息之前，不会草率地进行猜测，也不会轻易被惯性思维左右。

一般来说，人们应该在向上社交之前就主动收集对方的信息，了解对方的为人，从对方的日常生活、工作和社交中寻找更多的信息，重点观察对方的社交行为。弄清楚对方平时有什么社交习惯，最好是向对方的身边人打听情况，或者向那些和对方有过接触的人咨询，了解对方的行为特点和社交特点。这样，在向上社交中才会游刃有余。

尝试着去了解对方的兴趣爱好

在人际关系中，熟人之间可以依靠情感建立连接，对于话题并不那么挑剔，大家可以畅所欲言。然而，要想和比较陌生的人建立稳定的关系，就需要制造一个合适的话题来建立连接和推动交流。在向上社交中往往就是这样，由于双方之间的社会差距，如果随意找一个话题建立连接，可能没有什么效果。那么，什么样的话题最适合呢？

从社交的效果来看，想要成功与那些高圈层或者更优秀的人建立连接，主要有两种途径：一种是谈论利益，通过利益满足来迎合对方；另一种是谈论对方的兴趣爱好，通过谈论对方感兴趣的东西来寻找最佳的话题，从而找到社交的突破口。

有个年轻人刚进入心仪已久的公司上班，他打算让领导给自己安排出差任务。但是，一个新人向领导提出这样的请求，基本上很难获得应允。敲开领导办公室的大门后，他一眼就注意到了对方办公桌上的一个梅西手办，看得出来非常精致，应该价格不菲。他猜测对方是一个球迷，而且很可能是梅西的球迷。于是，进入办公室之后，他并没有直接提出出差的请求，而是非常兴奋地说："您前两天看欧冠了没有，梅西的表现太出色了！"

领导正疑惑员工找自己有什么事情，可听到对方谈起了欧冠和梅西，立即来了兴致："是啊，我也看了那场比赛，梅西的表现一如既往地稳定。"

员工接着说："明天凌晨是第二场欧冠比赛，估计能够顺利拿到晋级名额。”

“是啊，看看梅西最近的状态，无论是联赛，还是欧冠，都处在一个绝佳的状态。”

“我也是这么看的，而且这一次的对手，无论是中场还是后场都无法对梅西形成威胁，梅西可以充分发挥自己的组织能力和攻击能力，相信会以大比分击败对手！”

两个人你一言我一语，聊了十几分钟。这时，领导才想起来问员工找自己有什么事，年轻人见时机成熟，于是谈到了自己渴望出差锻炼的事。领导沉思片刻，就同意了年轻人的要求，并且邀请对方明晚去家中做客，一起观看欧冠。

每个人都有自己的爱好和兴趣所在，找到这些兴趣点，无疑就可以减少与之交流的阻力。因此，在向上社交中，人们一定要明确一点：不要试图去说自己感兴趣的东西，而要谈论对方喜欢的东西，或者谈论双方共同感兴趣的东西。在向上社交中尤其如此，因为对方本身就占据了各种优势，加上社交圈的不同，人们很难与之建立连接。如何才能吸引对方的关注，如何才能让自己和对方产生更多的对话（彼此之间的话题很少），又如何去说服对方，这些都是向上社交者面临的难题。挖掘对方的兴趣点，无疑会吸引对方的注意力，在双方之间找到一个合适的话题。

听听对方平时喜欢聊些什么，找出谈话中的重点。一个人如果经常和别人谈论炒股，那么就可能对炒股感兴趣或者有炒股的习惯；一个人如果在谈话中有意无意地谈到汽车，就可能表明对方是一位汽车发烧友。同样地，一个经常谈论足球的人，自然也对足球感兴趣。

林先生在一家公司担任经理秘书，拥有丰富的工作经验。在他看来，一个出色的秘书要做到眼观六路，耳听八方，不能轻易放过工作中的任何一个细节。工作多年，他养成了良好的习惯，每次有人找经理聊天，他都会细心倾听，并将某些重要的对话内容记录下来。林先生有一个本子，上面密密麻麻地记录了公司大小干部的社交习惯和兴趣爱好，而这些大都是他通过对话内容整理出来的资料。正因为如此，林先生在公司里无论和哪个干部，都可以快速聊上天。

另外，观察对方的生活习惯也很重要。看看对方平时有什么业余活动，饮食结构怎样，有没有什么特别喜欢去做的事情，从中找到对方的一些爱好。比如，新东方创始人俞敏洪在北大上学期间，得知同班同学王强是一个能力很出众的人，为了和对方建立更深的联系，他每次都主动接近王强，然后跟在王强身边，观察对方的一举一动。那个时候，俞敏洪发现王强喜欢买书，于是就跟在身后，看到王强买什么书，自己也跟着买回来阅读。正因为两人读同样的书，慢慢就变得有话可说了。

观察细致的人，往往可以从对方的房间摆设以及穿着打扮中找到重要的信息。这是因为当一个人喜欢某种东西时，可能会从穿戴中表现出来，或者对自己所处的环境进行改造，以迎合自己的兴趣。

提前收集资料也很重要。通过对一些公开的资料进行整理，或者从第三方手中收集资料，看看对方平时对什么最感兴趣。当向上社交者面对一些不熟悉或者不了解的社交对象时，一定要做好提前的信息收集准备工作，想办法找到对方的兴趣点。

有人想要结识比尔·盖茨，便打算在某次科技大会上和对方进行沟通。然而，比尔·盖茨作为全世界顶级的企业家和富豪之一，不是任何人都可以接近的，更别说和他进行深入交流了。有一次，他发现比尔·盖茨平时非常喜欢读书，对心理学和金融学方面的很多书籍很感兴趣，他便拿着一本新发行且自认为很出色的图书去参加科技大会。在媒体提问环节，他什么问题也没问，而是将这本书直接递给了盖茨。没想到比尔·盖茨翻看了几页后，走下台要走了他的电话号码。他便这样获得了和比尔·盖茨私下交流的机会。

其实，无论是倾听、观察，还是提前做好功课，往往可以让社交事半功倍。不过，在谈论对方感兴趣的话题时，一定要做足功课，最好能够提出一些自己的见解。如果引出话题后发现自己根本无法驾驭，那么双方的交流很有可能会陷入僵局。

把握对方的沟通经验，减少沟通障碍

很多人可能都有这样的经历：当自己参与向上社交互动，并和对方讨论某件事情时，会发现自己始终无法顺畅而清晰地发表自己的想法，无法有效地将自己的观点清晰地表达出来，而在其他人面前，这些总能轻而易举地做到。为什么会这样呢？原因就在于人们在平时的社交活动中，可以很好地与对方进行协调，彼此之间很有默契，可以越说越有趣，越聊越深入；而在向上社交的时候，双方的参与程度、协调程度不一样，无法形成那种默契。

人们的知识储备、专业技能、文化背景、性格、生活习惯、理解能力都是不一样的，每个人在沟通中的表达习惯也不一样。每个人都有自己的表达习惯，这种习惯往往和个人的技能偏向、文化水平、生活环境等息息相关。向上社交的人要把握并迎合这种习惯，营造一个舒适的沟通场景。

比如作家们在一起，可能习惯了使用艺术性的描述和一些文学性比较突出的表达方式。人们在向上社交的时候，就要迎合作家的趣味和习惯，多使用一些优美的，文学气息浓厚的语言。虽然普通的表达也能传递相关的意思，但是一些迎合性的表述，无疑会让沟通更加顺畅，也能够强化自己在对方心目中的印象。这种沟通方式和专业性、审美趣味等有关，只有志趣相同的人才会进行类似的表达。

文化差异也会使表达习惯不同。北方人习惯将番薯称作地瓜，但南方人更习惯称其为番薯，而且南方人种植的一种地瓜是凉薯，如果不了解这种表达习惯，在向上社交的时候可能就会产生认知上的分歧。

表达习惯和个人的表达能力、知识水平有关。一个没有读过多少书的人，可能会用极其通俗的语言来描述一件事，但是一个文化程度很高的人可能会用更专业、更具逻辑性的方式进行描述。

《心理操纵术》一书中就曾提到了沟通中的“经验”问题：“比如，当我们看到一种新式飞船时，我们想让他人相信这飞船令人诧异的长度，于是，当你想说给街上的行人听时，你就得说它有三个街区那么长，或说它有从榆树街到林肯街那样长。

这些人经常在街上走，所以你一说，他们就知道飞船到底有多长。如果你要对乡下人说飞船的长度，你就说飞船有他牧场的两倍那么长。如果你想说给一个纽约人听，你就得说飞船的长度和42号街上新建的克莱斯勒大厦的高度一样。因此我们想让他人完全理解自己的语言时，一定要引用他人的经验才行。”

这里所谈到的经验问题，主要和个人的理解能力、理解习惯有关，因为人们对于事物的理解能力和接收能力是不一样的，有的人左脑比较发达，侧重于理性思维，因此对于数字和一些抽象的描述会比较习惯；而有的人右脑更加活跃，侧重于感性思维，对一些图形化的、故事性的表达更感兴趣。相比于数字的描述，和一个农民说飞船的长度，可以说有两个牧场那么长；而对一个科学家来说，同样要改变策略，不能说两个牧场那么长。实际上，科学家或许对牧场的长度并没有什么概念，因为在他的生活环境中，不存在牧场，而且学术上的严谨作风也会迫使他给出一个具体的数字，而不是一个大致的长度。

正因为每个人的沟通经验都是不一样的，因此在向上社交的时候，需要因人而异，使用一些让对方熟悉且感到舒适的语言进行沟通。

首先，在沟通前要了解对方的基本信息，掌握对方的表达方式。比如看看对方的职业，毕竟职业不同，表达经验基本不一样；了解对方的学历，学历高低往往也就意味着对事物的理解能力不一样；了解对方的性格，性格直爽的人与腼腆的人，说话的方式也不一样。只有更全面地掌握对方的信息，才能够在沟通中迎合对方的表达经验。

其次，在谈话时要注意倾听。倾听往往可以在短时间内摸索出对方的性格和表达习惯。每个人都有属于自己的表达习惯，这些习惯往往会在沟通中表现出来，只要认真倾听，就可以找到一些表达的习惯和规律。

很多善于沟通的人，往往只要听别人说上几句话，就可以掌握大致的信息，包括对方的性格、审美趣味、社交习惯、个人的思维层次等内容。可以说，倾听是了解他人社交风格和社交语言的重要方式。通过倾听，人们可以更好地评估和判断他人的沟通经验，并针对性地进行交流。

总之，人们在向上社交的过程中，不能依靠主观想法去判断对方的沟通经验，而要主动去了解对方。只有收集和挖掘更多的信息，才能够更好地了解对方的沟通经验。

明确对方的人际风格

一般来说，不同的人往往有自己的社交特点，有的人比较主动，有的人比较被动；有的人性格上偏内向，有的人性格偏外向。每个人都会形成自己的特点，这些特点往往决定了个人的人际风格。

在评判个人的人际风格时，可以以行为上的主动和被动为横向轴，以性格上的外向和内向为纵向轴，形成四象限的人际风格。这样就可以分出四种人际风格，分别是内向且主动的支配型、内向且被动的分析型、外向且被动的和蔼型、外向且主动的表现型。

支配型也叫老鹰型，这类人拥有很强的控制欲，为人独断专行，喜欢发号施令，在社交中比较强势，不喜欢有人反对自己，也不在乎别人的感受和建议。对于向上社交的人来说，这类人往往非常难对付，必须尽可能维持他们的领导力，衬托他们的地位和能力。社交时要注意多迎合他们，多向他们请教问题，赞美他们的立场、观点和能力。此外，向上社交者说话要简洁明了，直奔主题，切忌拖拖拉拉，说话时语速要快，语气坚定自信，观点要明确，不能模棱两可。总之，越是表现得高效和果断，反而越容易引起对方的兴趣。

亚马逊的创始人贝索斯就是一个喜怒无常的人，员工经常被他骂得狗血淋头，所以无论是客户、合作伙伴，还是下属，他们都知道这样一件事：无论自己的观点会不会被贝索斯认同和接受，都要直奔主题，精简表达，绝对不要多说废话，最好给出一个精确的答案。平时要懂得维护贝索斯的地位，如果没有绝对的把握说服对方，最好不要去挑战他的权威。

分析型也叫猫头鹰型，这类人心思缜密，寡言少语，拥有强大的逻辑思维，说话很有条理，做事很有分寸，且遵循客观事实，但他们也有一个问题，那就是过于理性且追求完美，决策会非常谨慎。想要说服这类人往往比较困难，如果不能给出科学的数据支持，对方可能难以被说动。

正因为如此，和这类人交流，一定要做好充分的准备，要注意社交的细节，不要出现明显的错误或者明显不得体的行为。与此同时，要注意收集更多的信息，提出论点时，一定要提供相应的论据。倾听对方谈话时，可以用纸笔进行记录。

有一点很重要，与对方交流的时候，不要有过多的眼神交流，更不要有身体上的接触。坐姿要端正，可以适当后仰，避免前倾，因为前倾会让对方觉得社交者有太多的侵略性，他们不希望自己的空间受到压制和侵犯。

特斯拉创始人马斯克就属于典型的猫头鹰型。他拥有明确清晰的目标，做事情追求极致和完美，开会时喜欢将事实现象和大量的数据摆在一起讨论。他不是那种感情用事的企业家，而是一个非常理性的人。任何一个人想要说服他，都需要给出足够的数据支持，没有实实在在的数据，马斯克不会轻易相信对方说的话。

和蔼型也被称作鸽子型，这类人做事非常专注，意志力很强大，做人方面比较诚实，而且态度很温和。他们不喜欢和别人产生冲突，因此很少去否定他人，很少与人发生争吵，就像追求和平共处的鸽子一样，他们是非常理想的社交对象。这类人喜欢听从他人的意见和建议，是非常出色的倾听者。

向上社交者与这类人沟通时可以提供一些中肯的建议和意见，可以多强调彼此之间的共同利益与共同目标，并且展示自己的魅力和价值。

总之，在面对鸽子型的人时，一定要表现得更加积极主动，大方地展示自我，甚至不要抗拒展示个性化的一面。

某些公司的创始人就属于和蔼型的人，他们在生活和工作中都表现得很温和，待人接物很有风度，而且很少与人发生冲突，总是试图以最温和的态度去处理内部矛盾和外部矛盾。作为一个很有主见且独立性很强的人，他们并不会排斥别人提出不同的意见和建议，反而乐于倾听别人的想法。

表现型又被称为孔雀型，他们就像孔雀一样善于展示和表现自我，经常在人前展示自己的能力和价值。他们充满激情和活力，幽默友好，擅长与人交流，平时不注重细节，却重视感情交流。向上社交的人一定要注意迎合这一类人，尽量给予对方足够的表现机会，要懂得主动去迎合和衬托对方的能力，尽可能满足对方的表现欲。

向上社交者可以赞美对方，并请求对方进一步做展示，比如说“您刚才的表现太出色了，可以重复一次吗？”或者说，“听说您的钢琴弹得很好，我可以邀请您当面弹奏一曲吗？”又或者可以这样说：“我听了您的故事，真的很受感动，可以再多讲几个类似的故事吗？”这一类请求往往可以更好地引起对方交流的兴趣。和孔雀型的人交流，不必急着进入主题，可以先让对方多说话，在对话的时候，尽量保证口语化表达，营造轻松幽默的氛围。

表现型的人幽默风趣，在公众面前表现得非常活跃，经常会发表一些富有激情的演说。在社交场合上，很容易成为人群中的焦点，他们的一言一行都充满了吸引力。

总之，不同的人往往有不同的风格和特点。在向上社交当中，了解对方的人际风格至关重要，可以帮助人们制定有效的社交方法，制定合适的社交策略，从而减少社交阻力。

了解对方的社交圈，寻找助力

要结识一个层次比自己更高的人，直接面谈的话会有一些突兀，尤其是当自己对对方完全不了解时，双方之间想要建立连接会很困难。有时候即便找到了满足对方利益的方式，可能也会因为无法联系对方而无处发力。面对这些情况，人们通常会选择找中间关系，试图通过他人的牵线搭桥来联系对方。

这是人际交往中的一个普遍的方法，而这种方法的本质就是在对方的社交圈中寻找突破口。也就是说，既然自己无法和对方顺利对接，那么干脆请求对方社交圈中的人帮忙，通过对方的能力和关系来打通向上社交的通道。

假设A想要结交行业精英C，可是两个人平时根本没什么交集，而且C是行业协会的领头人，而A只是行业内一个普通的生意人，两个人之间的差距非常大。这个时候，无论是出于合作需要，还是情感联结，A都无法接近C，更别说两个人进行深入交流了。为了实现自己的社交目标，A开始四处打听，最终发现自己的一个老乡和C认识，两个人都是协会成员，而且经常一起吃饭。

所以A拿着一大堆土特产找到了这个老乡，并且一起回忆了家乡的生活，通过情感联结的方式拉近了彼此之间的关系。从那之后，他经常邀请这个老乡到家里做客。当两人的关系越来越亲密之后，A再提出想要认识C的想法，老乡就会帮忙介绍。

在向上社交中，了解对方基本信息是一个非常重要的步骤。基本信息中，不仅包括了个人的职业、性格、习惯等内容，也包含了个人社交圈的一些内容。向上社交者了解对方的社交信息以及社交圈的信息至关重要，这意味着他们可以找到更多的突破口来寻求建立连接的机会。其实，每个人都有很多不同的圈子，包括生活圈、工作圈、社交圈，就连社交圈也可能存在多个。向上社交者必须锁定一个最合适的社交圈，然后在这个社交圈中寻找可能存在的帮手，从而寻求对外开放的机会。

人际关系网络效益研究方面的专家马克·格兰诺维特，曾将个人的社交关系划分为强关系和弱关系。强关系指个人生活圈和工作圈中的人际关系，大家有着共同的生活经历、共同的学习经历或者工作经历，关系相对亲密，亲人、朋友、同学、同事都属于强关系。弱关系是指生活圈子以外的人际关系，基本上是自己不认识或者不熟悉的人，类似于朋友的朋友、同学的同学都属于弱关系。

一般来说，人们可以通过强关系来寻求建立连接的机会。如果向上社交者发现对方的社交圈中有自己认识或者熟悉的人，最好是和自己有较强联系的人，这样就可以找到一个可靠的中间人，从而有效降低社交的难度。如果没有强关系，也可以在对方社交圈中选择一些喜欢参加社交活动并乐于结交朋友的人，这一类人更容易接近，社交的难度也会更低一些。

有个供应商打算和惠普公司做生意，供应商千方百计想要联系上惠普公司负责原材料采购的人，可是没有任何背景和社会资源的他，根本不知道该如何联系对方，更别说说服对方和自己进行合作了。有一次，他在新闻上偶然得知惠普公司的负责人经常和大客户公司的一位副总一起吃饭，看起来关系不一般，而这个副总正是本地一家高尔夫协会的成员。于是，供应商立即加入本地的高尔夫协会。

由于高尔夫协会内部经常会组织一些聚会和活动，供应商便想办法接近这位副总。不仅如此，得知副总有收藏白酒的习惯后，供应商委托自己的朋友购买了很多不同国家的白酒。几个月后，供应商和副总成了很好的朋友，而这位副总后来也帮忙促成了供应商与惠普公司的生意。

向上社交者从对方身上找不到合适的社交突破口时，可以选择从周围的人身上入手，从对方的社交圈中寻找机会。需要注意的是，如果对方的社交圈中没有自己熟悉的人，或者找不到可以直接突破的对象，可以继续寻找二级中间人。简单来说，就是查找自己社交圈中有什么人是和对方社交圈中的人有联系的。

假设A想要认识C，这属于直接向上社交。如果A找到了C的朋友B，希望B能够帮忙牵线，B就属于中间人（一级中间人）。如果A找不到合适的中间人，就会从C的社交圈入手，发现D是C的好朋友，但同时也和自己的朋友E是同事。这个时候，A可以找到好友E，让他帮忙把自己介绍给D认识，然后想办法让D把自己介绍给C，E就属于典型的二级中间人。

寻求中间人并没有那么容易，有时候需要层层拓展人际关系的维度，但这种层级拓展也有限制，不可能真的像六度人脉所说的那样，寻求五六个中间人来建立连接。社交活动需要耗费能量，对于绝大多数人来说，个人的精力、时间和资金往往很难支撑起这样的社交活动。如果不是特别紧急且重要的事情，那么就没有必要拓展更多的中间人来建立连接，可以选择其他的社交对象达成目的。

了解自己属于什么社交类型

许多向上社交者常常会将重点完全放在对方身上。在他们看来，了解了对方是什么人，有什么兴趣爱好，有什么社交需求，掌握了对方的社交风格，就可以有针对性地制定更合理的社交措施。但是很多时候，由于缺乏自我认知，向上社交者常常会习惯性地犯一些错误，并影响最终的社交效果。

其实，在主动去了解社交对象的时候，社交者还应该想办法认清自己，了解自己的社交类型，看看自己在社交中是什么样子的，看看自己有什么地方做得不好，然后想办法去调整和改变。

一般来说，人们在社交中存在以下几种类型。

一、松鼠型

松鼠型的人喜欢大范围结交朋友，囤积各种类型的人际关系，基本上属于见人就热聊，见人就加为好友，这种人的通讯录永远是爆满的状态。问题也恰恰因此而出现，由于认识的人太多，自己根本没有时间和精力来经营这些社会关系，导致彼此之间的关系非常淡，一旦自己真的出现了什么困难，朋友圈内根本找不出几个愿意帮忙的人。而且，由于随意性社交的比重比较大，很多社会关系并没有实际的价值。

比如，A先生经常会在网络上结交朋友，只要双方能说上话，他就会添加对方为朋友。他还创建了十几个群，每个群里都有几百人，这使得他每天都要花几个小时的时间在不同的群里和别人闲聊，维持基本的交流互动。A先生创业失败之后，想要寻求一份稳定的工作，那么多的群里居然没有一个人能够提供靠谱的工作，很多人甚至直接对他的求助选择无视。A先生这个时候才意识到自己的社交体系有多么脆弱，于是打算积极寻求改变。

这一类社交类型的人想要寻求破局，一定要注意改变社交策略，减少无效和低效社交行为，尽可能结交那些更具价值的优秀人士。

二、猴子型

猴子型的人非常喜欢结交朋友，频繁参加各种饭局和聚会，注重生活中的各种应酬，并且自认为这是经营人际关系的重要方法。但是，这种社交方式的成功率比较低，而且很难真正结交真心朋友。更重要的是，这一类人的目标并不专注，经常更换社交对象，在人际交往中表现得三心二意，因此并不容易与人建立长久而稳定的联系。他们经常会浪费大量时间和金钱与不同的人周旋，却很少会在社交中如愿，积累的大都是一些伪装的人际关系，经不起时间的推敲。

王女士早年在杭州做生意，认识了不少同行，大家平时喜欢一起出去聚餐，基本上都是王女士买单。这些所谓的朋友在饭桌上表现得很有义气，下了饭桌彼此就没什么联系，彼此之间的热度只能维持一两个月。王女士只好在饭局中换一批朋友，但是彼此之间仍旧没有什么深入的交流。王女士在杭州闯荡十年，不知道参加了多少饭局，可是离开时居然没有一个真正的朋友。

这一类型的向上社交者，首先要改变自己低级的社交方式，不要将吃饭、K歌当成交朋友的方式，而要选择一些更能交心的方法，同时注重生活与工作中的合作。另外，要懂得保持专注，当锁定合适的社交对象后，就要花更多时间来经营这段关系、维护这段关系，打造一个更加稳定的人际关系。

三、蜘蛛型

蜘蛛型的人顾名思义就像蜘蛛一样守在自己编织的人际关系网络中。他们的圈子非常狭窄，不会主动出击，总是等着别人发出邀约才参与社交活动，因此会被局限在自己的圈子里。他们往往不清楚自己应该和谁进行交往，也不清楚自己的人脉资源是什么，手头的社会资源很少，而且常常会被忽视和浪费。

小K是一个典型的宅男，平时没事就待在家里玩手机，根本不会约朋友或者同事一同出去玩。他认识的人很少，也不愿意出去结交新朋友。同事给他安装了交友软件，他从来没打开过；朋友邀请他一起参加交友活动，他也总是一个人静静地坐在角落里发呆。因此，他在北京打拼多年，基本上没有什么朋友，遇到困难的时候也不知道应该向谁求助。

在现实生活中，这类人有很多。一些性格内向的人往往会被束缚在狭小的社交圈中。这类人想要取得更好的社交结果，一定要主动突破自己的社交空间，坚持去接触圈子以外的人，同时要给自己设定更高的社交目标，去结识更高级别的人。

四、地鼠型

地鼠型的人缺乏自信，非常抗拒社交活动，他们害怕自己在别人面前出糗。这类人很少主动与人交流，不喜欢表达自己的观点，也没有信心去展示自我，因此很难拓展人际关系，更别说认识那些更优秀的人了。

小张大学毕业后进入舅舅的公司上班。为了重点培养亲外甥，舅舅一直鼓励小张向公司内的那些工程师学习，可是进入公司一年半，小张始终没有主动去接触过工程师。舅舅特意安排了一些内部的交流活动，但小张每次参加交流会都不敢说话。舅舅觉得小张缺乏自信，很难应对内部复杂的人际关系，于是放弃了重点培养他的计划。

地鼠型的人想要提升向上社交的能力，就要提升自信心，更多地接触各种向上社交的活动，主动去认识更多优秀的人，大胆说出自己的观点和想法，通过实践锻炼让自己适应社交环境。

五、蜜蜂型

蜜蜂型的人像蜜蜂一样勤劳，他们在社交中表现得勤奋而主动，会积极运用自己的社会资源认识更多的人。他们通常有着明确的社交目标，会努力去结识自己所需要的人，并且想办法与之建立连接。正因为如此，这类人能够把握更多的机会，让自己的生活、工作和事业，以及社交圈都进入一个良性循环之中。

蜜蜂型的人会保持社交的欲望和动力，认识更多的人，他们会安排好自己的精力和时间，保证自己可以在社交中实现最优的结果。

大家可以认真对照，看看自己属于什么类型的社交者，这样就可以针对自己的社交特点进行调整，确保自己可以更好地应对向上社交的相关活动。

第三章

—— 保持主动，机会需要自己去争取 ——

由于社交圈层的阻碍，人们想要顺利地与那些优秀的人建立连接并不容易，但并不意味着不可连接。每个人都有机会结识那些更优秀的人，都有机会遇见那些社会精英，而机会往往需要人们自己去争取和把握。只有表现得更加积极主动，只有展示出自己的热情和能力，才有机会找到更好的连接方法，赢得对方的关注和认同。向上社交者应该明白一点：好的人脉永远不是自己等来的。

主动在他人面前介绍自己

在向上社交中，社交者要明白自己是发起诉求的一方，想要赢得对方的关注，就需要保持主动性，向对方展示自己，这样才能够让对方更好地记住自己。而自我展示的第一步就是自我介绍。

自我介绍主要包括两种形式，第一种是口头上的自我描述，第二种是发名片。口头上的自我描述包含了一些基本信息的口头展示，比如告诉对方自己是做什么的，自己有什么特长，自己的兴趣爱好是什么，自己的学历是什么，自己有什么经历。考虑到向上社交的时效性，自我介绍时应该尽可能简单一些。

小禾是一位海归。一次，在朋友的邀请下，他参加了一个私人聚会。参加聚会的大都是当地的精英，在当天的晚会上，小禾热情地同遇到的每一个人打招呼，然后非常大方地向对方介绍自己："我是哈佛商学院的毕业生，大学专业是工商管理，上个月刚回国，这是我第一次参加类似的活动，请多多指教。"

虽然只是一些简单的自我介绍，听起来更像是打招呼，实际上却通过这种方式有效推广了自己。几天之后，当地一位知名企业家找到了小禾，邀请他担任管理顾问。就这样，小禾回国后很快就找到了心仪的工作。

主动做自我介绍不一定能引起对方的关注，但至少给自己创造了一个营销的机会。在向上社交的各个场合上，人们需要通过这种主动表现自我的方式来提升自己的关注度，努力给对方留下一点印象。不过，在做自我介绍的时候，要注意一些细节。首先，要保持谦逊的姿态，避免炫耀式的介绍，比如不要说“我是一家建筑公司的老板”，而应该强调“我从事建筑行业的工作”，这是低调谦逊的一种表现。其次，在自我介绍时应该表现得落落大方，说话要简单顺畅，口齿清晰，不能怯场。最后，要注意适当做出变化，不要每次都做同样的介绍，以免被人误认为缺乏诚意。可以准备几个不同版本的介绍方式，但无论是哪一种，都要注重几个基本的组成部分：第一部分，说明我是谁，从哪里来，做什么工作；第二部分，说明自己来这里的原因和动机；第三部分，强调自己能够带来的价值；第四部分，希望获得什么。

递名片是一种比较正式的自我介绍方式，能够展示出更强的职业属性，而且很少受到环境的限制。对于不擅长表达的人而言，递名片是一个比较省时省力的方式。

很多人喜欢通过递名片的方式来寻求建立连接的机会，比如汽车销售之神乔·吉拉德每次遇到顾客，无论对方是否会购买自己的汽车，无论对方处在社会的什么层次上，他都会主动递上自己的名片，让对方了解自己的基本信息。正是依靠这种主动性，他总是可以比别人找到更多的顾客，把握更多的销售机会。

很多人会有这样的想法：发了名片也没有用，对方可能根本不会看，便将名片丢进垃圾桶，或者扔到家里的某个角落。想要通过名片获得对方的认同，效率并不高。向上社交者面临的情况可能更加糟糕，那些优秀的人根本不会关注这类名片。不过，这种观点有两个漏洞：第一，发名片未必会引起对方的关注，未必能够与对方建立连接，但不发名片肯定会错过建立连接的机会；第二，发名片的目的并不是为了获得对方的认同，而是为双方搭建一个桥梁，因为说不准对方某一天会产生同你社交的需求。

发名片看起来有些俗套，但至少为人们寻求建立连接创造了一种机会，相比于直接向对方索要电话，或者直接将自己的社交软件账号发给对方，递上名片的行为更加温和得体，更不具备侵略性。想象一下，如果一个人和那些优秀的人见面后，分享自己的微信，并要求对方加自己的微信，这无疑会让对方感到尴尬。递名片则不会产生这种情况，对方收下名片后有权决定要不要与之进行联系，且不会背负任何压力。

人们在制作名片时，一般会突出工作的特性，明确告知对方自己是做什么的，拥有什么优势。不过，想要提升社交的效果，吸引对方的关注，可以在名片的设计上做一些提升，将其设计得更加精致一些，而且最好能够迎合顾客的心理。像乔·吉拉德就会刻意将自己的名片印成橄榄绿，看起来就像钞票一样，这样一来，名片就更具吸引力。

向上社交者在向对方递名片的时候，要保持谦虚和礼貌，最好双手递上去，同时口头做一些简单的介绍和补充，而且最好不要忘了提醒对方：“有什么需要的话，可以找我帮忙。”

其实，无论是口头表达，还是递名片，最重要的是给对方留下一个更深的印象，以获得更多的主动权。

通过请教问题来创造机会

苹果创始人乔布斯从小就对电子技术感兴趣。20世纪50年代，他跟随父母搬到硅谷居住，获得了接触更多前沿技术的机会。乔布斯当时想要认识更多的工程师，希望像他们一样出色，可是只是一个孩子的他和工程师们的生活完全没有交集，他如果贸然去找对方，肯定会被认为是一个无所事事的孩子在故意捣乱。

为了接近工程师，乔布斯每天都会准备几个难度比较高的科技问题向他们请教。就这样，乔布斯很快赢得了工程师们的认同。他们非常喜欢这个爱提问的孩子，而且也愿意向他讲述一些最新的研发成果，以及很多科学研究的趣事。大家不仅倾囊相授，还和乔布斯成了好朋友。正是因为如此，乔布斯在很早的时候就积累了大量的科学知识，同时也拓展了自己的视野，这为他后来创办苹果公司奠定了坚实的基础。

在向上社交中，很多人经常会忽略一个方法，那就是请教问题。如果人们找不到更好的理由，或者没有更好的关系来接近自己的社交对象，那么请教问题绝对是一个非常实用的方法。从心理学的角度来分析，人们大都渴望自己被大家所需要，能够满足他人的需求。当人们意识到自己被人需要的时候，往往会想办法释放自己的价值和力量，而请教恰恰能够迎合人们的这种心理。此外，按照马斯洛需求层次理论，人们具有被尊重的需求，而请教问题就是尊重他人的一种表现。

那么如何去请教问题呢？

首先，了解对方的专业能力和优势是什么，然后在对方最擅长的领域内进行提问。这样做有几个好处：第一，询问对方专业领域的问题，等于找到了共同语言，对方更有兴趣进行解答；第二，提出这类问题，可以尽可能避免对方回答不上来的尴尬；第三，这类问题是对方所擅长的，对方乐于借此机会展示自己的能力。

其次，重点请教一些关键问题，不要事无巨细都去请教。向上社交者请教问题的时候，要懂得把握那些具有重大价值的问题，因为没有人希望自己的时间被浪费在一些无足轻重的小问题上。所以一定要懂得找重点，找要点，把握话题中最关键的问题。

需要注意的是，提问者不能提一些肤浅的、无营养、无意义的问题，以免破坏自己在对方心目中的形象，浪费宝贵的交流机会；不能提一些看起来非常滑稽的问题，或者问题本身就充满了逻辑性的错误，存在非常巨大的漏洞。

某位著名的主持人在采访重要人物之前，特意花费大量时间将他所有的博士论文看了一遍。许多人对此感到不解，难道被采访人会重点谈论这些博士论文中的内容吗？难道主持人不应该重点研究被采访人的人生和政治思维吗？难道这些论文都是被采访人写的吗？面对大家的猜测，主持人只是微微一笑："读那么多东西，也并不一定用到，但只是为了不问愚蠢的问题而已。"在他看来，面对如此出色的一个政治家，在提问和交谈的时候，必须要展示出自己的专业水准，要提出一些更具价值的问题，或者说至少不能提一些毫无意义的蠢问题。

再次，请教问题时要懂得不断往下提问，直到问题完全不能往下分解为止。在精益管理理论中，有一个特殊的沟通方法：遇事最好要问5个为什么。在向上社交中，也可以使用类似的方式进行提问。这样做既表明了自己在认真倾听，也能与对方进行深入互动，获得真正有价值的信息，同时也能拉近彼此之间的关系。

最后，要注意请教问题的方法，一个人提出来的问题往往能显示出这个人的素养和水平，而且也能决定所收获的信息价值的大小。一般来说，提问的层次越高，问题切入的角度和涉及的内容越好，就越能够带来高价值的对话。在向上社交中，对方往往也会通过问题来判断个人的能力大小和思维层次。正因为如此，提问的时候，一定要注意一些技巧。比如要懂得维护对方的尊严，提问题应该让对方感到舒服。

还有一点非常重要，那就是请教的时候，要确保相关的问题不是松散的，而应该环环相扣。比如，很多人在请教如何调节个人生活和工作的问题时，经常会生硬地提出一些并列的问题：

“您今年多大了？”——“53岁。”

“您从事什么工作？”——“我开了一家建筑公司。”

“您的工作时间安排是怎样的？”——“我每天都要工作12个小时以上。”

“您的业余生活丰富吗？”——“我每天会听歌放松自己，周末会去登山。”

……

这种提问方式过于单调，而且让人觉得只是在说客套话。

聪明的人会找出不同提问之间的关联性：

“冒昧问一句，您今年多大了？”——“53岁。”

“还真是看不出来，您看上去保养得当，而且非常有气质。我想您一定是一位成功人士，不知道您从事什么工作？”——“哦，是吗？谢谢夸奖，我倒觉得自己老了呢！我目前开了一家建筑公司。”

“自己开公司啊，那估计会很忙。我很好奇，像您这样的成功人士是如何安排时间，又是如何进行自我调节的。您平时都在工作吗？我听说像您这样的人都把时间耗费在工作上了，您是如何安排工作时间的呢？”——“我每天坚持工作12小时以上，这是一个底线。”

“12个小时以上？那真的很了不起！但我特别想知道，像您这么忙的话，又如何来调节压力，保证身体的能量呢，您的业余生活怎么样？”——“我每天下班后会听歌放松一下，周末的话，会和朋友一同去登山。”

……

很明显，通过一些句子的衔接，就可以将所有的问题关联起来，这样就强化了彼此之间的互动性，话题的趣味性也得到了增强。

不要忽略手头的那些优质资源

"景泰蓝大王"陈玉书年轻时和妻子去香港闯荡。由于没有资金，也没有人脉，他只能去工地上做苦力，每月只能挣400元港币，日子过得非常艰难。有一次，他在公园里一边散步，一边思考未来应该怎么办时，发现一位瘦弱的女士吃力地推着孩子荡秋千，于是好心走过去帮忙，结果荡秋千的孩子很快就和他玩到了一起。女士看到孩子开心的样子，便对陈玉书连连称谢，还递给他一张名片。陈玉书此时才知道对方是印尼驻香港领事馆的一位官员的夫人。陈玉书认为自己和对方的身份地位相差那么远，应该不会有什么交集，于是将名片扔进了抽屉。

后来，陈玉书的一位华侨朋友在将一批重要的货物运送到印尼时，却被印尼驻香港领事馆给拦截了，一直不给办商业签证。时间一拖再拖，眼看这位朋友就要遭受巨大的损失。陈玉书突然想到了那张名片，于是回家翻找起来，最终拨通了对方的电话。没想到那位女士很快就让丈夫给陈玉书的朋友办了签证，货物顺利发往印尼。为了对陈玉书表示感谢，这位朋友送给他5万美元作为报酬。正是凭借这笔钱，陈玉书的人生发生了巨大的改变。

在向上社交的时候，很多人常常会产生这样一种惯性思维，即选择去外面寻找优质的人际关系和资源，却常常忽略了身边的人。其实，很多时候人们可以从自己身边获得优质的资源。虽然圈层很容易影响个人的资源，但富人的身边未必都是富裕的朋友，穷人身边也并非全部是穷亲戚，每个人都有机会在周围的圈子里挖掘到向上社交的价值。领导就是非常优质的资源。领导的思维、视野、能力和丰富的社会资源，都要比一般人好很多，如果能够和领导处理好关系，无疑会对个人的发展带来积极的影响。

很多时候，人们都拥有一些优质的人际关系，包括亲戚、朋友、领导、客户，以及同学。这些人往往能够带来积极的改变，甚至将个人推向一个更高的高度上。不过，这需要我们找出这些人，并将其纳入自己核心的社交版图当中。比如，很多人有一些能力出众的远房亲戚，有一些社会地位很高的同学，彼此之间留着联系方式，只是很少进行交流。这其实是一种资源浪费，如果人们能够更多地关注身边人，能够在自己的人际关系名单中找出那些优秀的人，那么无疑会降低向上社交的难度。

比尔·盖茨创立微软之后曾陷入很大的困境，他迫切地想和IBM合作。然而，当时的IBM公司根本不可能看上微软这家小公司，这时比尔·盖茨想到了自己的母亲。比尔·盖茨的母亲是华盛顿大学的董事，还是全国联合劝募协会执行理事，而且与IBM的首席执行官约翰·埃克斯关系很好。比尔·盖茨通过母亲接触了IBM的管理层，为微软公司争取了同IBM公司合作的机会，使得微软公司顺利摆脱了困境。如果没有母亲的帮忙，也许比尔·盖茨的成长之路不会如此顺利。

在管理学当中，经常会谈到一个专有名词：资源整合。企业想要获得效益最大化，并不是一味去抢夺资源，而要注重资源的合理配置，通过资源整合就可以有效提升资源的利用率。在个人管理当中也是如此，想要提升个人的工作效率，想要实现个人价值的最大化，就要学会整合身边的资源，确保最大限度地发挥出资源的效用。其中，最重要的一点就是先挖掘出身边的优质资源，争取与对方建立更紧密的联系。

向上社交者需要整理自己的社交名单，看看自己的社交圈中有没有现存的优质关系，有没有人可以帮助自己实现向上社交。整理自己的联系人名单或者强关系，看看自己平时没有联系的人当中，有谁属于优质人脉，有谁是被真正忽视了的。对于之前没有重视的人际关系，一定要及时挖掘出来。

比如有些人有整理同学录的习惯，他们会一直保留小学、初中、高中、大学的同学录，也会出席同学聚会，还会想办法收集每一个同学的信息，了解同学们的生活状态和工作情况。不仅如此，每隔一段时间，他们还会整理这些信息，找出那些发展很好的同学，然后加强彼此之间的联系。

整合资源并挖掘优质的社交对象，这只是第一步，更重要的是要保持主动性。有优质资源和善于利用优质资源是两码事，想要利用好身边的优质资源，想要从身边的亲朋好友身上实现向上社交，一定要注意保持社交的主动性。对于那些平时不怎么联系或者基本没有联系的人，一定要多注意与对方加强交流，促进情感的联结。以双方之间原本存在的联系为突破口，寻求建立深度连接的机会。

很多人在求自己熟悉的人帮忙时，会感到不好意思，会担心处理不当，可能对双方的关系造成伤害。可是从社交的角度来说，人们需要追求社交的效率，需要抓住更容易把握的社会关系，找熟人帮忙在这方面具有很大的优势。因此，我们一定要改变自己的思维和心态，努力去争取身边人的支持和帮助。

向上社交者必须记住一句话：不把握身边的机会，那就是在损伤自己的利益。

积极引导，不给对方说“不”的机会

向上社交者想要说服对方和自己交流，或者想要吸引对方并不容易，对方很可能拒绝向上社交者提出来的要求。为了确保双方建立更稳定的关系，达成相对默契的沟通，引导对方给出正向的回应非常重要。简单来说，那便是不要给对方拒绝自己的机会。

在向上社交活动中，人们经常会遭遇这样的场景：

某人去见一个重要的大客户，考虑到双方之间的产业规模差距比较大，他非常担心对方会拒绝合作。于是，他忍不住询问对方：“不知道，您是不是决定和我们进行合作？”

某人向行业内一位经验丰富的前辈请教问题，一开口便问道：“不知道您最近有没有空？”

某人迫切希望获得一位行业精英的认同，于是直接询问对方：“对于那款新研发的产品，不知道您是否喜欢？”

这些提问者有一个通病，那就是将问题的答案设定为“是”或者“不是”，“可以”或者“不可以”，“能”或者“不能”。这种设定很容易给对方留下空子，假设对方对这些提问内容不感兴趣，可能就会直接给出一个否定性的答案，提问者这时就会立即陷入被动状态，很难想到有效的办法来干预对方的想法和决定。

想让对方不给出拒绝的答案，那么在提问的时候，就要运用一些技巧。

比如某人直接询问对方是否决定合作，对方可能会说目前没有合作的打算，然后再找几个理由，拒绝以后的合作机会。但是，如果提问者换一种表达方式，结果便会不同。比如问对方："对潜在的合作伙伴有什么要求？"对方可能会提出自己的一些看法，而提问者此时便可以针对性地进行自我推荐，掌握更大的主动权。

人们询问对方有没有空的时候，对方为了减少麻烦，可能会直接说："我最近都没有空。"向上社交者得到这种答复便很难和对方交谈下去，也就很难和对方建立联结。但是，如果向上社交者换一种表达方式："您哪天有空的话，我们见个面吧。"对方出于礼貌，可能会答应下来，而这种承诺会促使他在某一天接受邀约。

如果人们想要获得对方的认同，选择直接询问对方是否喜欢自己的产品，这种沟通方式并不合适。想要有效躲避对方给出否定性的答案，可以这样提问："您对我们新研发的产品有什么感想？"谈论感想无疑要更加委婉、柔和得多，可以避免收到不好的反馈。

总之，向上社交者必须有效阻止对方说"不"，提问的时候要注意少用"是不是""能不能""行不行""可不可以""会不会"之类的语句，因为这种简单的选择往往会导致自己失去更多的沟通机会。更聪明的做法是将这类封闭式问题转化成为自我描述类型的开放式问题，可以让对方谈论自己的看法，按照自己的理解描述相关事件，或者引导对方给出肯定性的回答。

比如某业务员为了向行业内一个顶级经销商推销自己的产品，在简单介绍产品之后，可以这样说："我们这里有两款产品，不知道您更喜欢哪一款？"这样一来，无论对方选择哪一款，对业务员来说都是有利的，他可以针对经销商的评价进一步推销。这种提问方式的优势在于：既然要求对方做出选择，那么就干脆保证对方所做的任何一个选择对自己都是有利的。反之，如果直接询问对方："我们的产品，您还感到满意吗？"可能会被对方的答案牵着走。

还有一种比较常见的提问方式——假设法。简单来说，就是先设定对方能够接受自己，或者接受自己的价值输出，然后让对方谈论一下合作的相关信息。这种假设法往往可以有效掌握主动权，比如某人打算和一个重要客户合作，那么在经过一系列沟通之后，可以这样说："事实上，和您这样的重要人物交谈，我确实有些紧张。假设您选择和我合作，那么在您看来，我身上究竟有什么东西会吸引您？"

或者可以让对方畅想一下："假设我们展开了合作，您觉得会带来多大的收益？"

这种表达方式可以掌握主动权，但如果没有一个合适的铺垫就讨论这种假设，可能会引起对方的反感。

除此之外，想要不被对方拒绝，多说对方的好话，尽可能让对方感受到你的诚意，也是一个有效的方法。

——"我始终秉持这样的原则，您不是也一直都坚持这样做的吗？"

——"我一直都渴望和您有深度交流的机会，像您这样出色的人才，会让我受益匪浅。当然，今天冒昧前来，不知道会不会打扰到您？"

听到这样的话，人们往往会如何回应呢？肯定不会否定谈话者，因为这样会对个人的形象造成严重的冲击。一般来说，赞美对方是一个很有效的社交技巧，向上社交者应该先赞美对方，为展开社交活动做好铺垫。

很多时候，人们还是会按照自己的社交需求来选择自己的社交对象，但是，当人们在向上社交中想办法阻止对方说"不"时，社交的成功率会更高一些。

留下一个值得讨论的话题，为后续交流创造机会

如果从社交的频率来说，向上社交往往存在两种情况。第一种是一次性的，这种社交基本属于满足即时需求的一种模式。简单来说，向上社交的人因为一些急事寻求帮助，因此迫切地想要和对方建立连接，并期待着可以获得对方的帮助。需要注意的是，社交双方很有可能彼此不认识，或者说基本上没有什么交流。这种一次性的社交模式无论成功与否，基本上都不会有下一次了。

第二种属于持续性或者多次交流的模式，社交双方因为工作或者感情的缘故，会进行多次社交，最常见的就是领导和下属之间的交流。由于工作的缘故，下属可能会多次和领导接触，寻求解决问题的方式。在这种社交模式中，存在两种情况，一种是个人发展的基本需要，人们必须长时间进行向上社交，员工向领导汇报工作，和领导讨论工作问题，就属于这一种情况；另一种是随机性的日常交流，人们有条件多次进行向上社交，比如有的人为了获得更多的生活经验，经常向行业内的前辈请教各种问题，或者通过社交来拉近彼此之间的关系。

向上社交者都希望自己可以持久地与对方建立连接，甚至与对方建立良好的私人关系，因此他们更加看重自己的社交活动能否长时间持续下去。不过，在面对一些相对陌生的人时，如何打破一次性社交的模式就成了一个重要的课题。

其实，最有效也最常见的办法便是给双方留下一个需要下次解决的问题，比如人们可以设法让这一次没能解决的问题，成功拖到下一次继续商谈。这样便可以为双方下次会面创造机会。人们可以这样说："我感觉自己有些过多打扰了，您那么忙，要不今天就先到这儿吧，下一次我再来拜访您。"这种"话太多，一时说不完"的表态是一种比较常见的交流方式，对方很有可能会礼貌性地同意。无论对方是否真的希望再次开启对话和交流，都可能会为了维护这个小小的承诺而再次接纳社交者。

在谈话结束之后，也可以这样说："今天听了您的谈话，真是受益匪浅，特别是您谈到的关于×××的内容，实在精彩。我还有一些地方不是很了解，希望下次有时间继续向您请教。"听了这样的话，对方往往会因为得到赞美而感到开心，于是礼貌性地给出回应，愿意下次做一些更加详细的说明。

向上社交者可以借助当前的话题委婉地约定下次的谈话。把握好节奏，等到谈话结束（双方没有更多内容可交谈）时，才巧妙地谈到继续交流的必要性，这样才会产生更好的效果。

除了想办法延续第一次没解决的问题外，还有一种持续社交的方式，那便是在双方完成第一次社交后，直接向对方抛出一个新的话题，设置一个悬念，作为第二次交流的铺垫。

假设某人与一个客户进行交流，双方经过一系列的谈判达成了协议，这个时候他不必着急和对方说再见，而是想办法延续一个新的话题。比如，可以从对方的兴趣爱好或者其他的优势入手："对了，刚才听您说喜欢登山，我也非常喜欢，下次可以一起去登山锻炼身体。""听说您对茶道有研究，下次有机会的话，要向您好好讨教一下。"

人们也可以借着谈论新合作项目的名义争取机会："今天的谈判非常愉

快，我这里还有一个项目，不知道您有没有兴趣？下次来的时候，我将方案拿给您看看，我们可以商讨一下。”

一些聪明的人会在向上社交的时候要对方的联系方式，比如他们会这样说：“今天的谈话让我收获很多，能和您聊这么多真的太棒了！当然，很抱歉打扰您，刚才听您说喜欢喝茶，我这有一些野生茶叶，味道还不错。如果您方便的话，可以留下一个联系方式，我下次给您拿过来。”

也可以这样说：“很遗憾这次没能满足您的需求，如果方便的话，可以留下您的电话，下次如果有适合您的产品，我立即打电话联系您。”

总而言之，向上社交者需要积极创造继续交流的机会，将原本的弱关系转化成为强关系，以便双方可以建立更持久的连接。

有时候要勇敢指出对方的错误

在向上社交中，很多人往往会表现得很卑微，生怕自己表现不佳而导致对方的轻视，生怕自己说错话而得罪人，所以经常会采取一些保守的社交方案。比如，认为对方所说的全部正确，即便说错了，也要当成对的。即便对方犯错，也要保持沉默和隐忍不发，而这往往会给自己的社交活动蒙上阴影。一个真正优秀的社交者并不是一味迎合的人，也不是只知道粉饰太平，打造大团圆式结局的人，而是一个愿意纠正对方的错误，能够为对方的发展和利益真正负责的人。

社交原本就追求良性的互动，但良性的互动并不意味着一直说好话，对于对方身上有可能会带来风险的问题，必须提前指正。这样做有几个好处，首先，这体现了个人对他人认真负责的态度，而这恰恰是赢得对方认同的关键特质。其次，指出对方身上存在的问题，这也是展示自身价值的一种方法。最后，主动指出他人身上的错误，本身就体现了个人的魄力和信心，这也是向上社交中必备的特质。

其实，很多人并不排斥他人纠正错误，那些具有更高思维层次的成功人士更是如此，他们能够清醒地意识到自身的问题，因此对于那些提醒自己不要犯错的人会心怀感激。乔布斯在工作中虽然表现得很专制，但他并不排斥那些能够真正提供好建议的人。他在触屏手机研发和内部系统研发方面，都曾接受过反对的意见，这才有了苹果公司的繁荣和辉煌。比尔·盖茨和贝索斯也曾犯过错误，但他们都在别人的帮助下及时更正了这些错误，这才成就了他们的商业帝国。拥有更高思维层次的人从不会排斥那些善意的批评和指责，不会拒绝那些有价值的意见和建议，他们会调动他人的思维来完善自己的想法和商业规划。因此，向上社交者要真挚地指出对方存在的问题，便有机会赢得对方的认可，从而改变自己的处境。

某个管理学专家负责给一个12人小组授课，这些人都是某品牌公司在各地发展起来的总代理，他们每季度都会在一起进行交流学习。在授课的过程中，有人提到了一个话题“公司最近几年的培训工作做得很不到位”。这个话题很快引起了共鸣，总代理们纷纷抱怨起来，认为公司所谓的培训不过是名存实亡的形象工程，相关的培训常常相互脱节。

这种现象已经持续很久了，总代理们感到很无奈。他们认为公司高层应该重视这一现象，然后针对性地进行变革，很多人还提出了一些简单的方案和建议。就在大家积极表态的时候，管理学专家突然问道：“你们为什么就没人带头发动改革呢？”

这个问题一提出来，会场立刻安静下来。大家虽然之前都在抱怨，但是培训工作怎么开展毕竟不是自己的分内之事，而且他们也担心自己的主张会被高层忽视，因此他们都选择了置身事外。管理学专家鼓励他们派代表或者联名给公司高层上书，游说高层进行培训改革，他还表示愿意为大家提供一些必要的帮助。

大家听后决定安排3名代表去公司董事会作报告，重点讲述培训的不足以及改革的优势，强调培训改革对公司发展带来的影响。这次的报告引起了董事会的注意，他们还就总代理们提出来的改革方案，询问了负责授课的管理学专家。管理学专家笑着说：“这就是授课的基本成果，只要每个人都拥有这种主动意识，公司的所有问题不都会迎刃而解吗？公司要做的就是鼓励他们努力参与其中，这才是伟大团队的一个特质。”董事们点点头，决定采纳那个改革方案。

勇敢指出对方身上的错误并不意味着挑刺，也不意味着批评和嘲讽。人们在向上社交中需要表现得更有技巧性，要避免引发矛盾，更不要为了展示自己的价值而随意批评别人。

在指出错误的时候，要抓住那些具有重大威胁的错误，要抓住起到关键作用的错误，只有那些大的错误才值得去提醒，因为它们可能会给人带来很大的风险和危害。至于一些小问题、小瑕疵，根本没有必要去讨论，有时候完全可以当作没有发生。

比如，在提醒对方犯错时，最好告诫对方如果不及时改正可能会带来多大的损失，可能会造成多大的伤害。为了提升沟通效果，语气要加强，表达的意愿也要加强，给对方增加压力。强调损失往往可以进一步引起对方的重视，对方可能会认真思考提醒的内容，接下来双方便会产生深度交流。这样，无疑有助于拉近彼此之间的联系。

还有一点也很重要，不要试图去谈论立场。很多人在纠正和批评他人时，喜欢强调立场的不同，甚至将这些错误归结为立场的不同，这是一个错误的表态，因为一旦强调了立场的不同，那么对方将很难接受这些纠正和批评，并且会采取对立的姿态，这反而不利于向上社交活动的展开。更巧妙地做法是，在指出错误时，强调改正错误符合彼此之间共同的目标和共同利益，或者强调这么做和对方的目标相违背。这样无疑可以减少摩擦，将矛盾限制在可控范围内。

总之，向上社交者在纠正对方错误的时候，要让对方意识到这些错误并及时改正，而这需要向上社交者表现出自己的责任感和出色的沟通技巧。

第四章

— 包装自己，做好自我营销工作 —

相比于一般的社交，向上社交的层次更高，对个人的发展更加重要，所产生的影响也更大，试错成本也更高。因此，人们要注意进行自我包装，通过对一些社交的细节和礼仪的掌握，通过对个性的塑造和对社交态度的把握，尽可能展示出一个健康的、向上的、完美的个人形象，以此来赢得对方的认同和关注。向上社交其实就是一种自我营销，而想要做好营销工作，就要打造更高的印象分。

打造良好的第一印象

心理学家曾做过这样一个实验：他们故意设计了两段文字，用来描写一个叫吉姆的男孩一天的活动。其中A段文字主要描写了吉姆乐观活泼的言行举止，他与刚认识不久的人一起玩乐，还和朋友一起上学，甚至主动同女孩打招呼。而B段文字则描写了吉姆一个人待着，不与同学说话和玩乐的形象。

这两段话都描写了吉姆真实的生活状态，心理学家将两段话放在一起，给参与试验的人阅读。先阅读A段文字，再阅读B段文字的人当中，有78%的人认为吉姆是一个性格外向的人；而先阅读B段文字，再阅读A段文字的人当中，只有18%的人认为吉姆性格外向。

为什么会出现这种情况呢？由于首因效应。首因效应是由美国心理学家洛钦斯提出来的，是指人们在交往时形成的第一次印象对今后交往关系产生的影响。这个效应表明了人际交往中相关信息出现的次序会对个人形象的评判产生影响。当人们对他人形成第一印象时，下一次接触时，这个印象就会深入自己的大脑，即他们初次接触时觉得对方是什么人，那么就会认为对方是什么人。第一印象未必是正确的，但由于先入为主，往往会形成一个最稳定、最鲜明的印象，而这会决定人们的判断，也会决定彼此之间的人际关系。

首因效应之所以会影响个人的状态，和心理学中的一个现象有关。心理学家发现，人的认识过程有“非矛盾化”的倾向。简单来说，就是当人们对某人某事产生一个最初的印象和感觉时，就会对其进行固定，而且后来的印象和感觉与之前的不一样，就会本能地拒绝，以免产生矛盾冲突。通常情况下，只有后面的印象和感觉变得非常强烈，才有可能突破之前形成的印象框架，在头脑中产生新的评价效果。

正因为首因效应如此重要，人们在向上社交的时候，一定要抓住第一次见面的机会，以良好的形象出现在对方面前，争取从一开始就给对方留下很好的印象。

一、穿着打扮

一个人穿着是否得体，是否注意穿衣打扮的细节，这不仅直接关系个人形象，也表现了他对这次社交活动的重视程度。当然，这也会影响到他人对他的判断。一般情况下，向上社交者需要保持得体的装扮，衣服可以正式一些，风格上可以偏成熟一些，不过具体情况还是要依据社交场景来安排，只要不对个人形象产生负面影响，且不会产生违和感。

美国著名的政治家富兰克林曾经给自己制定了13条自律准则①，并且还每日观察自己的言行并写日记进行记录。在日记中，他强调了一点：做人应当保持清洁。这种清洁首先体现为个人和居室环境的卫生，他认为一个人必须穿着得体干净，自己的生活空间和工作空间要保持整洁。如果一个人衣着邋

① 1. 节制：食不过饱，饭不过量。2. 缄默：避免空谈，言必对己或对人有益。3. 有序：你的一切应井然有序，一时一事都要有周全计划。4. 决心：当做必做，做就要做好。5. 节俭：对人或对己有益才可花钱，决不浪费。6. 勤奋：珍惜光阴，做有益之事，避无谓之举。7. 真诚：不欺骗，有良知，为人厚道，说话实在。8. 正义：不做不利于人的事，不逃避自己的义务。9. 中庸：避免走极端，容忍别人给的伤害，认为是应该承受之事。10. 整洁：保持身体，衣服和住所的整洁。11. 冷静：不因小事，寻常之事，不可避免之事而慌乱。12. 节欲：少行房事，除非考虑到身体健康或者延续子嗣，不要房事过度，伤害身体或者损害自己的或他人的安宁与名誉。13. 谦虚：效法耶稣和苏格拉底。

遢，不喜欢清洗身体，或者办公桌混乱不堪，那么谁又愿意委之以重任呢？

二、言行举止

个人的谈吐是否有修养，是否具有幽默感，是否真诚和自信，是否有出色的表达能力和逻辑思维能力，个人的价值观是否正确，个人的动作是否得体，是否拥有一些不良的习惯，个人的道德品质和自制力好不好……一个人的修养往往会通过言行举止体现出来，因此在向上社交时要做到言行得体，确保自己不会冒犯到他人，不会有什么越界的行为。

一家公司在面试的时候，故意将面试的房间安排在走廊的尽头，然后在走廊上安插了很多摄像头。应聘者在房间面试的时候，一个个都表现得非常不错，言行举止都非常得体。但是，当面试者离开房间之后，便暴露了自己的“本来面目”，有人开始在走廊里吸烟，有人开始抱怨面试官长得太丑，有人还大声唱歌，完全忽略了走廊里悬挂着“不得喧哗”的指示牌。通过观察监控，这家公司每年都可以找到表现最佳且很有素养的员工。

三、精神状态

在向上社交中，一个人的精神状态往往会决定自身的社交效果。优秀人士选择社交对象，不仅要观察个人的能力和特质，还会重点关注个人的精神状态。那些状态不佳的人，往往会被对方当成是对社交活动不感兴趣，或对自己不够尊重。一旦他们有了这样的印象，双方的社交活动可能就很难继续下去，或者说很难有什么实质性的进展。

总之，人们在向上社交的过程中，应该保持良好的社交习惯。习惯的养成往往和四个要素有关，它们分别是触机、惯性行为、奖励和信念。

触机是指能够触发个人习惯的因素，很多人平时按时起床，作息规律，这里的触机就是时间；很多孩子在家里可能会很吵闹，可是到了学校里就会变得非常听话，老师说什么都会听，这个时候，老师就成了一种触机。在向上社交活动中，人们也要找到触机，了解自己在什么情况下会表现得更好，然后强化这个诱因即可。比如，人们意识到自己倾听时更受欢迎，那么在向上社交时就可以多听他人谈话。

惯性行为常常是一种无意识的行为，就像人们在与人交流时喜欢左顾右盼，喜欢跷二郎腿，喜欢打断别人的谈话，喜欢玩手机…… 这些行为其实都是惯性使然。想要养成良好的社交习惯，就要懂得反省自己的行为，改变那些不良的惯性行为。

奖励是培养习惯的重要动力。人往往具有一定的惰性，倾向于做一些让自己立即感到满足的事情。这个时候，人们需要提升自控力，并在自控的同时及时对自己进行奖励，从而提升自控的意愿和持续性。比如，很多人参加社交活动时经常迟到，为了改变自己迟到的不良习惯，就需要强化自己的意志力和自控力，要督促自己每次约会要准时，并对自己的准时行为给予适当的奖励，从而形成一种准时参加社交活动的惯性。

信念代表了个人的思维模式和价值观念，它是确保个人养成良好习惯的内在驱动力。许多人在社交过程中之所以愿意保持良好的行为，就是出于对他人的尊重；有的人愿意保持低调的、温和的沟通姿态，认为这是表达礼貌的一种方式。向上社交者拥有了正确的信念和价值观，才能够养成良好的社交习惯。

养成良好的社交习惯至关重要，《第一印象心理学》中有这样一个观点：想要建立良好的第一印象，就需要关注对方的感受。这里所强调的“对方的感受”，不仅指对方眼中的社交对象是什么样的，更多的是对方在这次社交过程中的自我感觉是否良好。当对方在见面或者对话时感到自我满足，并产生愉悦感，那么就会对社交对象产生良好的印象。

那么该如何提升对方的感受，给予对方良好的感觉呢？最直接的方式就是在初次见面时，给予对方更多的社交好处。比如展示对方所需的价值和能力，在谈话中表达自己对对方的欣赏和认同，努力表现更好的精神状态，同时给予对方更大的鼓舞。

总之，人们想要确保自己的向上社交活动更加顺畅，那么在第一次见面时就要拿出绝佳的个人表现，给对方留下一个好印象。

打造一个更具说服力的个人 IP

我们身处这个信息爆炸的时代，想在群体中脱颖而出，想要打造一个明确的自我定位和标签，就要懂得如何打造个人IP。在向上社交中也是如此。

IP（Intellectual Property）是知识产权的简称，它的范围很广，像事物的经典形象、艺术品、商标、影视作品，以及其他一些与人具有强关联并自带流量的内容，都可以成为IP。IP具有比较明显的文化属性，它是人或者物的一个基本标签，具备基本的价值观和世界观，具有自我发展的能力。

在如今的商业模式和信息传播模式当中，个人IP的打造=个人魅力+自媒体+个人项目。

个人魅力是一个人的基本形象和人设，包括个人的兴趣爱好与特长，个人的职业规划，也包括个人的品牌定位和包装。想要打造个人IP，就要懂得提升个人的魅力，而提升个人魅力的关键就是给自己寻找一个合适的定位。在定位自己的时候，可以进行向内探索，也可以进行向外探索。

向内探索主要是看个人有什么兴趣爱好，有什么强大的能力和优势，个人的价值主要体现在哪些方面。一般来说，在进行内向探索时，要综合兴趣、能力和价值来考虑。比如某人的兴趣是画画，但个人能力是编程和设计，一直找不到证明自己的渠道和项目。在综合这三个方面的内容之后，可以聚焦在动画制作或者图画设计这些项目上。这种方式可以确保个人的定位处于一种准确且均衡的状态，避免出现偏差。

向外探索则聚焦于行业环境、资源、人脉关系等几个方面。比如，有很多人都想成为网络红人（行业环境的影响），但人们需要了解自己的资源是否能够支撑起这个梦想，有没有人帮忙写剧本，有没有幕后的团队作为推手，有没有足够的资金来运营。如果外部条件和资源允许的话，就可以尝试着去定位自己的职业。

但是定位的关键不在于做什么，而在于打造独一无二的特点，即保持“合理的差异化”风格。“合理”是指要符合自身的特点和能力，“差异化”则凸显个人内在的特性，将自己区别于其他人。当一个人具有明显的个人风格时，很容易在人群中脱颖而出，他的价值也会被放大，这会成为向上社交的利器，

接下来说一下自媒体，它主要强调个人运用各种媒体平台创作和传播与个人相关的内容，以此来获取更多的粉丝，并想方设法做好粉丝运营工作。自媒体平台主要起内容运营的作用，向大众或者固定的粉丝群传播某些能凸显个人价值和特点的内容。一般来说，像朋友圈、公众号、短视频、博客、知乎之类的平台都可以运营个人的内容。最近几年非常活跃的短视频平台上，就有很多人在上面传播自己的内容，有的是一些搞笑段子，有的是一些生活纪录片，还有的是一些文化包装的节目。

比如有人打算去签约一家唱片公司，那么在此之前，他需要提升自己的知名度。他可以将自己的作品发布到网络平台上，让更多的人认识他。一旦他积累了大批粉丝，就拥有了引流的能力，这个时候再找唱片公司签约会变得容易很多。

一般来说，打造个人IP的关键在于流量，而引流的关键就在于寻找一个拥有巨大流量的平台。不过，只拥有平台还是不够的，还要将大量的流量引

入私域流量池当中，通过互动来明确粉丝的要求，为以后将流量转化成为收益铺路。

因此，个人IP的最后一步其实是落实好个人的项目，打造一个更加合理高效的商业模式，包括如何运营，如何交付，如何变现。同时做好产品的研发工作，确保推出的产品可以产生持续的引流和变现能力。

一般来说，人们可以在小范围空间内实验产品的功能，通过这种实验来查看具体的反馈，如果大家的反馈还不错，就可以逐步推广；如果大家提出了什么意见和建议，就需要针对性地进行调整，争取让产品的功能迎合多数粉丝的需求。在这个过程中，可以先用免费的方式推出产品，然后依据具体的反馈来推行付费措施。为了吸引更多的流量，为了获得更大的关注，需要进一步提升产品的质量，同时推出高价值的产品组合。此外，在打造个人IP的时候，不要片面追求粉丝的数量，要注意培养一些忠诚的粉丝，他们会成为宣传的主力军，也会提供最具价值的建议和意见。可以提供必要的奖励来引导他们帮助自己完善相关的作品，并自主进行宣传。

需要注意的是，在打造个人IP的时候，可以参照戴明环的方式来操作。戴明环是美国质量管理专家沃特·阿曼德·休哈特提出的，戴明采纳和推广了这个方法，它具体包括计划、执行、检查和处理四个步骤。人们想要打造一个更具说服力和影响力的个人IP，可以借助这个方法。先制订一个打造个人IP的计划，包括自己的定位、目标、选择的宣传平台，以及变现的方式，然后按照步骤去执行，之后进行检查。检查的环节可以依据执行的效果以及粉丝的反馈来进行，检查之后，就可以针对性地进行处理，包括按照自己的理解进行改进，或者征求粉丝的意见进行完善。需要注意的是，当处理好之后，可以制订新的计划，然后开始新的一个循环，继续执行、检查和处理。

保持一个独立的姿态

在向上社交中，人们容易落入“迎合性表现”的陷阱当中。简单来说，向上社交者为了在对方面前留下更好的印象，可能会变得盲从和依赖，会无条件地服从对方的指令，按照对方的意志行事，或者迎合对方的需求做出决策。这是一种比较典型的服从权威的表现。对他们而言，那些成功人士，那些行业精英，那些更加优秀的人，就是权威，就代表了更高级别的知识架构，代表了更高层次的思维，也代表了更合理的决策。

当人们陷入这一类陷阱中时，个体的存在感会越来越弱。他们似乎忘记了一点，向上社交本身就是一种个人价值、魅力和个性的展示，人们不是因为迎合对方，不是因为替对方做事而受到关注和重视，而是凭借自己的魅力和价值来赢得向上社交的机会。价值展示的前提就是独立性，只有保持独立思考、独立表达、独立做决策，才能够展示自己真正的价值。

很多人在向领导汇报工作的时候，会尽量多说好话，交谈的时候也顺着领导的意思来表达，而有的员工从来不会盲从领导的想法和意见，他们有自己的立场，有自己的想法和计划，而且很多想法都是正确的。他们在领导面前一直保持自己的本色，坚守独立的姿态，凭借自己过硬的专业能力赢得领导的器重。

人与人之间的交流和相处，往往受到很多因素的影响，为了维持一种和谐的社交状态，多数人在说话和办事的时候会迎合对方，从而让自己看上去更加聪明和善解人意。从某种意义上来说，这些表现的确有助于关系的推进，但凡事都有一个限度，人们在保持迎合性的同时，更应该表现出自己独有的东西，展示出一个完整的、真实的自己。在向上社交中，保持迎合与尊重虽然是非常重要的策略，但维持个人的独立性更加重要，因为这是凸显个人价值的关键因素。

那么如何才能保持独立的姿态呢？

首先，保持个性化。通过个性化的表达来彰显自己的价值，不要像别人一样一味去迎合对方，抹杀自己的特点。在向上社交中，无论是沟通表达，还是形象的展示，都不要忘了凸显自己的个性，要尽量在个人展示和对方期待之间做一个平衡。

其次，不能为了社交而无限制地迎合对方。社交时可以尊重对方的观点，可以尊重对方的需求，但更要坚持自己的立场和观点，要明确自己的行为准则，坚定自己的意志和目标，不能为了让对方高兴，就完全抹杀自己表达的权力。事实上，勇敢表达自己的真实想法，坚守自己行事的原则，这才是对对方最大的尊重。

在向上社交中，独立是一个非常重要的标签，也是自我包装的一种基本准则。无论一个人去如何包装自己，都要注意个性的展示，要展示出和其他人不一样的东西，这是一个底线。其实，保持独立还在于思维的独立性，也就是说要按照自己的方式去思考问题，要按照自己的逻辑去分析问题，对事物要有自己的理解。无论其他人说了什么，都要保持独立思考和分析的姿态，按照自己的思维模式重新思考，并给出自己的判断和决策。思维独立的人往往能够在交流中展示自身的魅力，他们对于事物的理解和判断往往更具风格。

2006年6月30日，段永平花费62.01万美元与赌神巴菲特共进午餐。在这次午餐过程中，段永平并没有像其他人一样，询问巴菲特如何才能选到好的股票，询问投资中应该做什么，也没有让巴菲特透露应该购买哪些股票。当然，他也没有保持沉默，而是提出了一个非常有技术含量的问题："投资中不能做的事情是什么？"

很多拍下巴菲特午餐的人都会关注："投资中具体应该怎么做？"在他们看来，直接向巴菲特询问投资的具体操作以及方法，无疑是更高效的沟通方式。但事实上，巴菲特本人一直都不太喜欢回答这些问题。在他看来，这些问题并没有价值，因为每个人的能力不相同，遇到的情况也不一样，按照同样的方式进行投资，可能就会弄巧成拙。

相比之下，段永平的问题非常巧妙，他不需要巴菲特告诉自己应该怎么做，只需要对方告诉自己不能做什么，这种逆向思维可以有效避免段永平在投资中入坑。巴菲特对这个问题非常满意，他对段永平也更加尊重，于是细心做了回答："不做空，不借钱，最重要的就是不要做不懂的东西。"

从某种意义上来说，保持独立性是向上社交的一个重要武器，因为独立本身就是设定个性标签的方法，也是一个基本的前提条件。在追求个性化以及强调个性化塑造的时代，保持社交独立性往往是打开社交局面的关键。

要展示自己积极向上的一面

向上社交者在社交过程中，除了展示自己的价值之外，还要注意展示自己的精神状态。向上社交者需要在对方面前展示自己积极向上的一面，需要告诉对方自己的内心有多么强大，需要展示出正确的价值观。

假设一个人为人比较消极，言谈之间经常表现得很沮丧，更别说有什么崇高的理想和目标了。这样的表现很难让人产生信任，无论是上级领导、重要的客户，还是行业精英，都不喜欢和那些缺乏斗志的人打交道。假设一个人没有正确的价值观，做事只考虑自己的利益，从不考虑别人的处境，更不会考虑自己担负的社会责任，这种人在向上社交的时候，也容易被人孤立和排斥。

从某种意义上来说，想要让自己的说话和表达方式更受欢迎，也更能体现个人的思想状态和思维层次，那么谈话内容一定要顾及三个要素，它们分别是理想、价值观、词汇。

理想很容易理解，就是个人对于生活和工作的愿景，也可以视为个人前进的目标。通常来说，一个人越是有理想，个人行动的动力越大，做事的积极性越高，这种人也往往更受欢迎。向上社交者在与人沟通的过程中，要向别人展示自己更高的目标和追求，因为理想往往决定了个人的思维层次和发展层次。

三个人去一家公司面试，负责面试的企业家让他们谈论各自的人生规划。第一个人说："我非常喜欢这份工作，对我而言，这份工作意味着一切。"

第二个人说："我渴望日后能够在行业中站稳脚跟，成为行业内的优秀人才。"

第三个人说："我希望将来可以成就自己的事业，拥有改变行业发展的力量，因此我现在需要一个更好的平台来提升自我。"

如果你是企业家，会选择聘用谁呢？相信多数人都会给出这样的答案：第三个人。为什么会这样呢？因为第三个人在表达的时候显示了更高更大的理想，他的思想层次和个人目标明显要高于另外两个人，相比之下，他更具自信，更有成长的动力和空间。

从社交的角度来说，优秀的人愿意同优秀的人交往，也愿意同那些具备成长空间的人建立连接。一个理想远大的人，更容易获得他人的关注，他们的向上社交渠道往往会更加开阔。

价值观体现了个人对生活、对事业、对社会的一些看法。许多人会混淆价值观和价值的概念，其实两者之间的区别很明显，比如人们经常会思考做这件事值不值得，值或者不值就是一种价值判断；而价值观是解读和评价价值行为，给出为什么值得或者为什么不值得的理由。

有人认为享受才是生活最重要的事，因此面对社会竞争的时候，他们更加愿意享受当下拥有的东西，而不是努力奋斗。有人认为人生的意义就在于奋斗，如果不努力做得更好，不努力变得更强，那么人生就会不断倒退。

在向上社交中，价值观是人们接受考核的一项重要指标，只有建立和培养了科学合理的价值观，才有机会去展示自己的能力。事实上，那些高社交圈层的人对于价值观的要求更高，他们希望员工建立团队意识和集体意识，也希望自己的员工具有责任感和上进心。

词汇是最能直接展示个人状态的要素。人们经常会习惯性地说一些词汇，而这些词汇往往就会反映出说话者内心最真实的想法和最真实的状态，像个人的状态、能力、情绪、斗志、情感和思维都可以直接展示出来。

日本关西大学社会学家安田雪教授在《去追究“关联吧”》一书中这样写道:“通过数据分析可知，企业里业绩高的人与其他人，在邮件中所使用的措辞是不同的。业绩高的人在邮件中多使用‘坦率’‘顺利’‘向前看’‘有意义’‘很特别’等积极的词汇，而业绩不怎么样的人则多用‘严峻’‘麻烦’‘辛苦’‘琐碎’‘不好’‘一样’等消极词汇。”

我们在日常生活中发现，那些动不动就唉声叹气的人，很难获得别人的关注，也很难建立起更稳定的社交关系。那些喜欢使用一些消极的词汇来描述一件事的人，也很难赢得领导们的认同。

乔布斯和马斯克都是非常挑剔的企业家，在选用人才方面，他们不喜欢那些经常说“不行”或者“这很难”的人。在他们看来，员工存在的一个重要价值就是用来解决问题的，越是困难的问题，越是应该保持高度的自信和积极的心态，不要从一开始就否定自己的价值和各种可能性。

在向上社交中，精神状态和能力指标一样重要，一个人不仅要展示足够出色的能力和价值，还要展示出支撑起这份价值的精神状态。良好的精神面貌往往体现出了个人对生活、对工作的态度，展示出了个人的人生观和价值观。一个处处表现出积极奋进、不断向上的人，对人生无疑会有更高的期待，他们更有可能创造辉煌，更有可能去经营好自己的生活和工作。

保持谦虚的态度

向那些更优秀的人请教问题，或者只是单纯地想要与对方建立联系，一定要保持谦虚的态度。这样才能赢得对方的认同，获得交流和学习的机会。

每个人都渴望获得大家的认同，渴望赢得更多人的尊重，而这也是彰显个人价值的一种方式。向上社交者在向人请教问题的时候，一定要保持谦虚的求教姿态，要确保自己的言行足够低调。除此之外，在向上社交的过程中要注意使用尊称，要避免用质疑的语气同对方说话，还要认真地倾听对方说话。

在向上社交中，人们常常急不可耐地想要表现自己的能力，但一个聪明的人会懂得适当隐藏自己，以更加低调谦卑的姿态去面对对方，让对方获得更多的尊重。这有助于推动双方之间关系的发展和进步。

保持谦虚是获得信息的前提。一个人只有保持低调，只有谦虚求教，才能从别人那里获得更多高价值的信息。一个人越是谦虚低调，越是乐于请教问题，越是懂得倾听，便越能注意到别人身上的闪光点。在向上社交的活动中更是如此。

一个企业家觉得自己的社交能力偏弱，于是就找到卡耐基，希望对方可以帮助自己提升社交能力与口才。卡耐基以为这个人和其他想要学习的人一样，只是坚持每天来听课，可事实上，企业家每次听课时都会精心准备十几个问题，然后非常谦虚地询问卡耐基。卡耐基知道对方拥有两家上市公司，在业内很有名气，如今却能保持如此谦虚低调的姿态，实在难能可贵。于是，他每次都耐心地解答，也正因为如此，企业家的进步非常快。

从社交的角度来看，谦虚的人更具学习的欲望和动力，他们更能够踏踏实实地寻求自我成长的机会。

通常情况下，越优秀的人往往表现得越低调，因为只有保持谦虚低调的姿态，他们才越能脚踏实地，越能获得成长。从个人与环境的关系来看，当个人表现得非常低调时，就可以吸收周围的能量，或者吸引周围的能量向自己这里流动。那些成功者往往都是依靠这种模式来提升自己的能力和影响力的，他们在日常的生活、工作以及社交中，都会保持这种姿态和节奏。为什么会这样？因为他们始终坚信一点，一个人的价值输出首先是一种迎合性的服务，是对他人的满足。譬如乔布斯的价值在于他服务了众多电子产品的发烧友和普通的用户，满足了消费者对于电子产品的各种期待和畅想。其他的成功人士往往也是这样，他们早就意识到自己服务者的角色定位，而恰恰是这种定位使得他们在社交过程中能够保持谦虚的态度，并且非常认同那些谦虚低调的人，还习惯性地将其归入自己的群体之中。

因此，人们在向上社交中应该从态度、行为以及思想上都保持谦逊的姿态，那么具体应该怎样去做呢？

欣赏对方的能力：赞美对方的能力和优势，回忆对方过去所取得的成就，强调对方将会在社交中扮演的重要角色以及所能发挥的巨大价值。“我很早就关注您了，您在业内的表现令人惊叹”，“如果没有记错的话，这已经是您第五次获得业内第一了”，“我相信，有了您的指导，我一定可以轻松解决这些问题”……

尊重对方的观点：无论对方说了什么，无论双方的观点是否保持一致，都不要轻易去否定对方的观点，要尊重对方的发言权，挖掘对方观点中合理的地方。向上社交者要认真倾听对方的谈话，不要去打断对方，当对方的观点和自己的想法不一致时，可以这样告诉对方："您的观点听起来很有趣"，"这是我在过去一段时间内听到的比较有趣的一个观点"，"尽管我们的观点不太一样，但不得不说您的想法非常独特"……

举止表现要谦恭：在面对那些更加优秀的人时，个人要注意控制好自己的行为，尤其是要注意个人的肢体动作，一些冒犯性的行为要尽量避免。比如，在合影的时候不要站在C位，最好往旁边挪一些。又比如，与对方在对话的时候，要注意直视对方的眼睛，不能左顾右盼。一些人喜欢向后靠在沙发上，在向上社交中千万不要摆出这个姿势，因为这是非常不礼貌的行为。

想要在向上社交时赢得更多的关注，那么一定要放低姿态，突出对方的主角位置，突显出对方的价值和优势，争取在对方心中留下更好的印象。

拒绝谄媚，保持自尊

1983年，乔布斯去自家的工厂检查，发现一款磁盘驱动系统的故障率很高，这让他感到非常愤怒。为了解决这一问题，他打算去日本寻找替代品。很多日本企业家得知乔布斯要来，精心打扮一番后便去接待他。按照惯例，这些人会赠送乔布斯一些精美的私人礼物，但乔布斯都将礼物随意放置，而且从来没想过回礼。更加不可思议的是，每一次见面，企业家们都是西装革履，乔布斯却穿着牛仔裤和运动鞋，丝毫不顾及形象，这让对方觉得很不舒服。

为了得到合作的机会，这些企业家叫来公司内部的工程师，列成整齐的队伍欢迎乔布斯的到来，并且让他们恭恭敬敬奉上自己的产品，但乔布斯连正眼也不瞧一下，有时候直接冷笑一声。有一次，乔布斯冲着工程师大喊："这就是一块垃圾！随便找个人做出来的驱动器都比这个好。"负责接待的人脸色气得发青。

事后很多人都在指责乔布斯不懂礼数，缺乏教养。事实上，从社交的角度来说，这些企业家犯了一个严重的错误，那就是将正常的社交当成了谄媚的游戏。这是激怒乔布斯的重要原因。在向上社交中，很多人都会犯类似的错误，而这种错误的行为本质上就是对社交的一种扭曲，它往往会带来很多负面影响。

首先，社交双方的能力存在高低，社会地位也有高下之分，但双方在交流的过程中应该是平等的。谄媚向上的人往往将自己看低，这会导致自己不断陷入被动。

其次，人们可以采取正常的手段来满足自己的利益诉求，谄媚他人反而会让对方觉得这种社交行为别有用心，或者功利心太强，让对方觉得你不是一个诚实可信的人。

再次，向上社交者想要说服和打动对方，要依靠自己的能力和价值，而不是使用一些谄媚的手段来讨好对方，因为谄媚的行为反而会让对方觉得你本身不具备什么价值。

从次，谄媚者往往也是消耗者，接近这种人往往会消耗自己的能量和信誉，对个人的发展反而会产生消极影响，因此很多优秀的人都不愿意接近谄媚者。

最后，社交本身就需要付出，而谄媚者所想的是以最小的代价赢得最大的收益，这种行为本身就表明他们没有认真对待彼此之间的关系。

从社交结果来看，谄媚的表现往往会让那些优秀的人感到厌恶。谄媚者喜欢夸大事实，而且待人不真诚，很可能遭到社交圈内其他人的排斥。正因为如此，向上社交者应当转变思维，培养正常的价值观和人生观，要正确对待向上社交，确保自己的行为不会引起他人的不适，更不会引起对方的反感。

做人应该懂得迎合对方，善于挖掘对方身上的优点，并及时赞美对方，但不能无底线地讨好对方，不能违背个人的原则和想法，也不能违背事实。向上社交者要保持不卑不亢的社交态度，拒绝卑贱地迎合他人，拒绝做一些有损伤自身尊严的事情。

比如，很多谄媚者待人不够真诚，总是带着很强的功利心与人交往，平时喜欢弄虚作假，玩一些套路，诸如过分赞美对方，或者进行无中生有的赞美。他们希望以这种方式拉近双方的关系，但谄媚本身并不会带来持久的社交关系。

又比如，每个人都渴望获得外界的尊重，但谄媚者往往放弃了自尊。试问这样的人又如何期待他人给予足够的尊重呢？这样的人有什么资本进入更高社交圈层呢？

腾讯的创始人就是一个非常正直的人，他一直不喜欢那种相互奉承、谄媚成风的氛围。有一次，他参加一个访谈节目，主持人问他最喜欢什么样的下属，他回答说："有些概念我用一般逻辑分析都可以挑战下去。除非有人很有本事地让我心服口服：'老板放心，是这个样子的，1、2、3、4。'但往往有人就说：'对哦，老板你真厉害！想到这样！'我有多厉害？这还不是试出来的。这样的人不管他怎么说，我对他的印象肯定不太好，会赶紧找新人。"他认为那些谄媚和奉承之人往往都是不可靠、不可信任的。

事实上，真正优秀的人，不只是地位高于常人，他们的思维层次、思想的高度、价值观都要比一般人高。人们想要和这样的人建立社交关系，甚至建立深度连接，需要保持良好的社交习惯和态度，要展示出自己的价值观和特点，避免给别人留下不好的印象。

在社交中，有一个要素不可忽略，那就是社交形象。社交形象和个人的能力有关，但更与个人的价值观息息相关。如果一个人只知道谄媚奉承，那么他的社交形象往往并不好，他在社交圈中的影响力也会不断减弱。因此，人们需要重视自己的社交形象，做人需要保持低调谦卑的姿态，但不能因此拉低自己的人格。为了赢得别人的认同，人们需要展示出一个健康的、正面的、向上的形象，需要展示健康的社交模式，而这就要求他们从一开始就要坚持做到自尊、自重、自爱。

寻找一个高效的组织或平台

在谈到自我营销的时候，很多人往往只看重自己的包装，看重对个人价值的营销，却很容易忽略一点：当个人进入某个群体或者组织时，完全可以借助组织的优势来实现自我营销。一个强大的组织本身就是一个很强的助力，平台具备的资源优势会明显提升个人的营销能力。

亨利·克劳德的著作《他人的力量》中就谈到了组织的力量，他认为一个高效的组织能够提供基本的行动力。事实上，科学家很早就做了科学研究，发现当人们拥有强大的人际关系支持之后，达成目标的概率会大大提高。很多患病的老人，在加入支持小组之后，疾病的治疗和恢复情况会更好，疾病复发率更低。

按照亨利·克劳德的说法，周围的人能够给自己提供更多的能量，能够强化个人的行动："你的自我表现不仅仅取决于你自己，它要么被周围人强化，要么被他人削弱——你要相信，他们有这种力量。"

这里谈到的他人的力量，可能是一种精神力量。人们可以从其他人身上获得一些积极向上的力量，所以人们从一开始就要更多地和那些具有正能量的人在一起。这种能量也可以是实实在在的资源补充，因为在一个更加团结、更加高效的组织中，团队会给予个人更多的支持，比如团队会提供更多更好的资源，会帮忙制订更好的策略和计划。相比于个人，组织或者团体往往更容易引起外界的关注；相比于个人的发声，组织或者团体的声音更容易产生重大的影响力。

众所周知，在商品市场中，平台越高，产品的价值往往也就越大。一瓶水在普通的小卖部可能只值1元，到了旅店就变成了5元，到了大酒店可能会变成十几元。人也是一样，一个人所处的平台越高，外界对他的印象越好，个人的营销能力也就越好。正因为如此，向上社交者除了进行常规的自我包装之外，选择一个优质的平台也很重要。

比如，“我是×××（地区）人，从事服装生意”，这样的身份表达可能无法赢得对方的认同，如果改为：“我从事服装生意，是×××（地区）商会的成员。”即便只是一个小商会，可能带来的影响也不一样。对于很多人来说，借助平台的优势，可以更好地提升自己的吸引力。

人们经常说平台决定了个人的价值，个人的力量往往很难媲美群体的力量，依靠一个组织或者平台，往往可以最大限度地提升自己的知名度。这里往往涉及两个方面：第一，与个人相比，平台可能会吸引更多的人加入，可能会有更广阔的社会关系，更丰富的资源；第二，在多数人看来，当人们加入某个组织之后，他的身价和影响力肯定会得到提升。这就是为什么当人们被冠以“×××平台会员”时，会显得更有说服力的原因。很多人经常会说：“我是×××协会的成员，很多顶级企业家也是这个协会的会员呢。”其实，这些人可能根本不认识顶级企业家，也没有什么突出的人脉关系，但由于有了协会组织的加持，他们的表达往往更具说服力和影响力。

正因为如此，人们在向上社交的时候，如果实在找不到更多的价值和优势，就可以借助平台来包装自己。先想办法加入一个组织平台，然后通过平台的影响力来增加自己的社交价值。

第五章

—价值展示是向上社交的关键—

在社交中，价值互换是一个基本的交流模式，也是支撑社交活动的基础。向上社交者如何向对方展示自己的能力和价值至关重要，它直接决定了对方能否接纳自己，决定了对方如何看待彼此之间的社交关系。而价值展示往往包含了两个层面的意思：一是向上社交者需要表现得更加出色，提升自己的价值；二是向上社交者需要掌握展示能力的技巧，更合理、更高效地输出自己的价值。

说一说自己能够给对方带来什么价值

社交的底层逻辑是什么？向上社交的底层逻辑又是什么？其实从本质来看，就是一种交换，是价值交换。如果一个人想要与别人，尤其是更加优秀的人交流，想要让彼此之间的关系更加深入，最直接的方式就是主动展示自己的价值。向上社交者需要向对方展示自己的价值和能力，需要强调自己能够给对方带来什么好处和帮助，能够满足对方什么需求。

价值展示是向上社交的一个基本形式，也是最具效用的一种方法。向上社交者想要赢得对方的认同，想要获得对方的尊重，就需要主动分享和展示自己的价值，通过价值展示来强调自己的优势，为自己的发展奠定基础。研究表明，一个人决定自己是否要与别人交往，所用的时间往往不会太长。一般来说，面对面交流的时候，人们大概会在2分钟内做出这个决定，在电话里往往只有30秒钟，如果是发送声音邮件，可能只有10~15秒。在这些时间内，人们会判断对方发送的信息主要是什么，然后决定要不要接收和接受这些信息，要不要和发送信息的人进行进一步的交流。

想要在短时间内赢得对方的关注，那么提供对方所需的价值，或者说展示自己的价值就变得非常重要。简单来说，就是针对对方的需求，给予相应的助力，或者说让对方感受到自己身上潜藏的能量。这里所说的价值展示，包含了两个方面：第一个方面是“我现在能给你带来什么帮助，能解决什么现实问题”；第二个方面是“尽管现在不能为你做什么，但是我身上的能力日后会给你带来很大的帮助”。换言之，人们主要看中个人的发展潜力以及潜藏的能量，着重强调个人能力产生的预期价值。比如，很多企业家在招聘时喜欢那些即插即用型的人，只要聘用之后就可以立即产生效益。而有的企业家看重人才的未来，人才的创造力、团队意识，或者看重某项技能，尽管现在不能产生什么价值，但以后会带来高额的回报。

很多人认为，价值展示就是个人能力的一种展示。其实，这是不同的两个概念，能力展示往往和个人的优势有关。比如，一个人喜欢玩电脑，编程能力很强，这是一种能力，虽然有时候可以依靠这种能力为别人创造价值，但这种能力未必会被社交对象看重，假设对方只希望找一个人帮忙设计装修风格，那么编程能力就毫无用武之地。因此，个人价值的展示不一定都是自身最强能力的展示，而是寻求最符合他人需求的能力选项。

在进行价值展示的时候，一定要先了解对方的需求，只有了解对方的真实需求，才能够更好地推销自身的价值。可以说，个人的价值展示往往是建立在社交信息收集的基础之上。为了展示自己的价值，有时候可以通过提问的方式进行引导，挖掘对方的需求。

在销售工作中，有一个著名的SPIN销售方法。SPIN销售法是一种运用提问来挖掘客户需求，明确客户期望的销售方法。提问者会通过问题来查询相关的事情，进行消费问题的诊断，对客户和顾客进行启发和引导，以此来激发对方的消费欲望。在这个过程中，提问者会重点关注顾客的心理变化，逐步调整并推进自己的销售方式。

这个方法完全可以用于向上社交当中，向上社交者可以将对方当成一个非常重要且需要说服的“大客户”。SPIN是情景性（Situation）、探究性（Problem）、暗示性（Implication）、解决性问题（Need-Payoff）四个英语单词的缩写。

SPIN销售模式有一套基本的流程。

首先，向上社交者可以在闲聊的时候提出一些简单的问题：“您在这个行业中做了多少年”“您平时喜欢做什么”“您是不是也喜欢去划船和登山”“您对于自己的工作一般会有什么特别的要求吗”……通过提出一些情景性的问题，人们可以了解和完善对方的一些基本信息，这些信息对于挖掘对方需求，以及话题的精准把握有一定的帮助。

其次，向上社交者从探究性的问题入手，挖掘对方隐藏的需求，想办法了解对方在生活和工作中所面临的一些困惑、难题，以及某些特别的期望，从而进一步激发对方的内在需求。这类问题包括：“您在生活中是不是也那么优秀”“您对自己所有的地方都感到满意吗”“您在工作中有没有过什么挫折”“对自己的员工有什么特别的要求和期待”“最希望获得什么”……这些问题通常能够引导对方说出自己心里最想要的东西，从而为自己接下来的表达寻找突破口。

再次，向上社交者可以提出一些暗示性的问题，让对方意识到自己需要尽快去满足隐藏性需求，以免错失机会，并且将解决方法引到自己身上。“据说那些东西几乎在市场上绝迹了，您觉得那是真的吗”“现在是淡季，您如何去招人呢”“时间那么紧迫，您一个人还来得及吗”“这么拖下去，会不会出现什么大问题”……这些问题表面上是关心，实际上能够不断激发对方的紧迫感，让他们迫切寻求解决问题的办法。

最后，一旦对方认同了这种暗示和引导，会立即做出采取行动的决定，而向上社交者此时应该主动提出一些解决问题的方法，鼓励对方把注意力放在如何解决问题的方案上，并告知对方自己能够提供的帮助。比如，他可以这样说："我以前也接触过这样的问题，能和我说一说具体的情况吗""我认识一个人，可能对解决您的问题有帮助，您想要认识一下吗"。

这个方法能够帮助向上社交者有效推销自己，提升个人的社交效率。

懂得给对方构建美好的愿景

为了赢得对方的信任，展示自己的价值，很多人常常会针对对方的事业，或者针对某个有潜力的项目进行发挥，向对方构建一个美好的愿景，从而强化对方对相关事物的兴趣。诸葛亮便是其中一个典型人物。诸葛亮的真正价值是什么？不是强大的武力值，也不是演义小说中那种近乎妖人的智慧和谋略，而是出色的战略眼光。诸葛亮和刘备第一次见面的时候，他就给刘备构建了三分天下的美好愿景。这是诸葛亮的大杀器，也是他走向仕途的一个重要策略。

构建美好的愿景，其实是一种比较常见的社交手段，而且效果非常好。任何人都有向上追求的需要，都希望拥有一个美好的未来。从某种意义上来说，发展本身就是最大的需求，而迎合这样的需求无疑会具有一些先天的沟通优势。这就是一个人想要说服对方接纳自己，尤其是面对地位和实力都比自己强的人，更需要懂得立足长远的原因。

很多人会认为构建愿景之类的事，通常都是自上而下的，领导一般会给下属构建愿景，老板会给员工构建愿景。其实，员工也可以为领导和老板构建愿景，他们想要赢得领导的认同，就要明白一点：公司要的不是你能做什么，而是你能带来什么改变。这种改变是什么，具体以什么形态出现呢？这就需要员工努力构建一个美好的愿景。

构建愿景表面上是设定一个发展目标，但实际上是个人战略目光、能力和视野的体现。在向上社交中，为对方构建愿景的潜台词是：你的确非常优秀，但你可以变得更加优秀。

高盛集团前副总裁罗伯特·史蒂夫·卡普兰早年就非常善于给客户构建美好的愿景。为了拉到更多的业务，他经常拜访大客户，邀请对方的董事会成员和高管坐在一起开会。在会议当中，他会提出一些有价值的问题，诸如"你为什么选择在这家公司上班？""你想过没有，这家公司未来20年将会变成什么样子？""这家公司最大的特点是什么？""你理想中的公司是什么样子的？""是否想过未来的某一天，公司成了行业第一？"他会让所有与会者写出问题的答案，每个人都可以在答案中找到继续前进的动力和前进的方向。罗伯特有时候会说出自己的想法，主动帮助客户构建愿景，而这个愿景同样会让客户获得更多的指导，同时在客户面前留下一个更好的印象。因此，罗伯特的业务越来越多，客户对他的信任度越来越高。

特斯拉的创始人马斯克也是一个擅长构建美好愿景的人。无论是特斯拉，还是Space X公司，都遭遇到了资金压力，当时的他根本入不了华尔街那些投资大佬的眼，他们也不准备冒险投资他的产业。为了说服对方，马斯克就主动构建愿景，比如谈到特斯拉时，他认为汽车将会成为主流，而特斯拉在某一天会成为市值最高的汽车品牌，那个时候，大街小巷里都开着特斯拉汽车。在说服投资者投资Space X的太空项目时，他则强调了移民火星以及改造火星生存环境的未来场景，部分投资人被说动了，他们愿意和马斯克一同冒险，并认为马斯克是改变人类进程的关键人物。

当然，在向上社交中构建愿景并不是"画大饼"，也不是胡乱吹牛，而是依据现实的发展情况和趋势做出的一种未来发展模式的判断。

那么，人们该如何构建愿景呢？构建愿景主要包含了两个方面的内容，第一个是核心理念，第二个内容是未来图景。

核心理念是个人或者企业坚守的信念（核心价值观），以及存在的理由（核心宗旨）。核心理念通常是固定的，根植于企业文化或者个人的奋斗基因当中。很多人喜欢将核心信念与核心竞争力混为一谈，其实两者并不相同。核心竞争力属于战略概念，是个人最擅长且最容易带来竞争优势的能力，核心竞争力是可以发生变动的。

人们在构建愿景时要强调核心理念，坚守核心价值观与核心宗旨，这是赢得未来的一个基本前提，也是对方比较看重的要点。违背了核心理念，所有关于未来的美好蓝图都只是空中楼阁，而且会动摇发展的根基。假设对方的核心价值观是创造力和高质量，如果撇开这些去谈论发展，根本不可能产生说服力。例如，某人的宗旨是“为客户服务”，一旦改变了这个宗旨，那么所谓的发展和愿景就会失去基础。因此，构建愿景的时候，一定要了解和尊重对方的核心理念，不能按照自己的想法随意描述。

构建愿景的第二个内容是未来图景。这是一种对未来的规划和期待，代表了个人和企业的抱负，它是未实现却能够感知到的东西，通常是设定一个远大的目标（比如10年以后或者30年以后发生的事情），以及实现这个目标后的美好场景。未来图景的描述并不会完全契合实际，事实上由于事情并未发生，又存在很多不确定性，关于未来图景的设定往往带有一些主观因素，但并不意味着就要失真。这要求描述者必须掌握足够的技巧，必须对局势有清晰的判断，同时具备出色的战略目光。

一般来说，为了构建一个更加清晰的图景，向上社交者需要强化自己的表达能力，要给出一些画面感，让对方更好地体验未来生活的那种美好与惊奇。比如使用生动形象的语言，设定一些特殊的场景，增加一些细节描述，以增强可信度和吸引力。当然，必须在把握核心理念的前提下设定一个美好的未来场景。

用慷慨的表现，获得对方的信任

很多人在向上社交时坚持利益至上的原则，功利性很强，而这很容易引起对方的反感和抗拒。聪明的社交者懂得隐藏自己的利益诉求，还愿意输出自己的利益来维护彼此之间的关系。对向上社交中表现出色的人进行分析就会发现，他们中的大多数人都有一个共同点，那就是为人慷慨大方，不会过分计较眼前的利益，反而会通过利益分享和输出来赢得他人的尊重。

慷慨是社交中的一个重要策略，利他行为会帮助人们获得更多的机会。向上社交中也要如此，在一个原本就不那么对称的社会关系中，人们需要通过付出来赢得信任，依靠慷慨的表现为自己争取更多的机会。

比如NBA著名的经纪人里奇·保罗，就是一位非常出色的向上社交者。自从他在2002年遇到詹姆斯之后，就开始了自己辉煌的人生履历。据说，某一次，贩卖球衣的里奇·保罗穿着NFL传奇四分卫沃伦·穆恩的球衣观看NCCA的四强赛，而当时詹姆斯也在球场观战，他则穿了一件复刻的球衣。詹姆斯看到保罗原版球衣后非常喜欢，当时的詹姆斯还没有进入NBA，但已经是小有名气了。里奇·保罗认为自己可以与他进行交往，于是大方地将身上的球衣卖给了詹姆斯，两个人还互留了联系方式。也就是从这个时候开始，里奇·保罗的命运就发生了改变，成了詹姆斯的好兄弟。

里奇·保罗后来想要担任NBA球星的经纪人，可是没有什么经验，于是詹姆斯让他到自己当时的经纪人里昂·罗斯的公司里学习经验和积累人脉。由于经常在一起，两个人的关系越走越近，里奇·保罗顺利进入了詹姆斯的核心圈子。这个核心圈子里只有四个人，另外两个人和詹姆斯是从小到大的好朋友，里奇·保罗是唯一后来加入的成员。

2012年，里奇·保罗成立了自己的经纪公司，而詹姆斯直接跳槽，成了他的第一个客户。这个时候的詹姆斯已经是NBA联盟第一人，拥有巨大的影响力和号召力。果然，之后先后有几十名球星加入里奇·保罗旗下，他一下子从一个籍籍无名的小人物变成了最具实力的经纪人之一。

从社交关系的角度来看，慷慨的人的确更受欢迎，这些人乐于付出，具有奉献精神，且尊重他人的利益所得，是非常理想的交流对象。因此，人们可以在向上社交中适当表现出慷慨的特质，主动输出和付出。

慷慨的展示方式有很多种，最常见的是让利。双方在合作之后，人们可以适当出让自己的收益，通过让利行为来强化对方对自己的信任。比如某人同客户进行合作，任务完成后，按照事前的约定，收益双方各得一半，可是为了赢得客户的认同，这个人选择将10%的收益让给对方。

除了在合作中让利之外，还可以通过物品赠送的方式来拉近彼此之间的关系。比如在交流之前可以赠送一些小礼品来接近人际关系，可以赠送一些有价值的东西为自己接下来的社交行动铺路。一般来说，人们可以先提前了解一下对方喜欢什么，需要什么，然后投其所好。

慷慨可以是金钱上的馈赠，也可以是某些高价值的资源和渠道，或者是智力上的分享，比如主动分享经验、思想、策划方案、生活理念。向上社交者可以在自己擅长的领域内进行分享，将自己总结出来的经验、方法和思想分享给对方。

慷慨是一个重要的社交策略。无论能否获得理想的回报，向上社交者都要坚信一点，当自己真诚付出的时候，个人的形象会得到推广，个人的人际关系也会得到改善。很多公司喜欢任用那些慷慨大方的人担任管理者，因为这些人在社交方面更加出色，往往可以把握更多的人际关系和社会资源。

需要注意的是，慷慨也要量力而行，无论是赠送还是让利，都要把握一个度，不能影响自己的正常发展所需，不能做超出个人能力范围之外的事，而且核心利益不能送人，毕竟这关系着个人的发展和竞争力。还有一点也很重要，慷慨往往可以让人心情愉悦，可是如果慷慨的赠送是建立在令自己痛苦的基础上，或者会让自己感到不舒适，那么就要放弃慷慨的行为，毕竟任何付出只有让自己感到舒适和愉悦才有意义。当自己产生不适的反应时，就没有必要多做牺牲来维持这段关系。

主动帮助别人解决困难

《联合日报》的经理肯特·库珀曾经说过："有一个要点，编辑们应当铭记于心，那就是：人只对自己有兴趣。还有一个衍生要点就是：人只对与自己相关的人或事感兴趣。"确实是这样，我们从来都不会注意那些登在报纸头版或二版上的关于欧洲的重要新闻，只会急于了解自己应该缴的所得税是否有了新规定；是否修建了一条新公路，使自己每天可以很快回家；自己所住的那条街地价涨了没有；是否有自己认识的人死去了；在自己昨晚参加的重大宴会中是否有神秘嘉宾……

正因为人们经常会将关注点放在自己身上，会关心自己是不是能获得什么利益，又或者会面临什么困难。因此，向上社交者提供和对方有关的东西，就能够有效吸引对方的关注。而如何去吸引那些高圈层的人呢？最重要的就是主动帮忙解决问题。

帮助别人解决问题，一方面可以向对方表明自己的社交价值，告诉对方有必要给自己一些交流的机会；另一方面会带动双方之间的交流，因为人际交往的一个特点就是互动，当一方有所付出之后，另一方往往会给予相应的回应。从社交手段的实用性来看，主动帮别人解决困难是一个非常高效的方式。

《向上管理》一书中谈到了这样一个观点：员工想要赢得上级领导的关注、信任、重用，就需要想办法成为领导面前的关键下属，要在领导遇到困难和挫折时，发挥关键的作用。这个原则也适用于向上社交的其他场景，可以说，无论是在职场上与领导打交道，还是与行业精英或者其他领域的顶级人才交流，都可以想办法帮助对方解决问题。

在锁定一个合适的社交对象之后，不要急于去和对方接触，可以先了解对方的需求，看看对方遭遇了什么棘手的事情，或者有什么不方便的事情要做，然后可以提前进行部署，帮忙解决，以此来换取对方的信任。

哈维·麦凯在大学毕业后一直找不到工作，身为记者的父亲也替他着急。为了帮助儿子找到一份合适的工作，他找到了布朗比格罗公司的老总查理·沃德。这位掌管着世界上最大月历卡片制造公司的大企业家，当时因为税务问题在监狱服刑。哈维·麦凯的父亲认为沃德的逃税案子有很多地方存在问题，媒体对他的报道也明显失实。于是，哈维·麦凯的父亲去监狱采访了沃德，并写出一篇公正客观的报道，正是这篇报道挽救了沃德几乎破裂的名声。

出狱之后，沃德找到了哈维·麦凯的父亲，当面表示了感谢，并且提出想要帮助对方。哈维·麦凯的父亲说起了自己儿子的事情，沃德当即表示让哈维·麦凯第二天到自己的办公室见面。第二天上午10点，哈维如约而至。两人见面之后，沃德回忆起了监狱里的生活，想起了哈维的父亲替自己做出公正报道的事，他感激万分，于是介绍哈维进入园品信封公司上班。哈维获得了人人羡慕的薪水和工作，他一直努力工作，后来变得越来越成功。而且，通过这件事，哈维从父亲的身上学到了处理人际关系的一些方法。多年来，他一直利用自己的资源，努力认识那些大客户，认识各行各业的精英，为自己的事业寻求助力，最终成立了麦凯信封公司。

许多人也许会认为，自己并没有能力帮助那些优秀人士解决困难，毕竟连对方也解决不了的问题，自己更是爱莫能助了。其实，从社交的角度来说，对方在意的不是人们做了什么，而是一种社交的态度。很多时候，即便是帮忙解决一些小问题，也能够有效拉近彼此之间的关系。

新东方的创始人俞敏洪在北大上学期间就非常喜欢交友。他交友有一个原则，那便是必须和那些更加厉害及优秀的人交往。比如，某一次，他偶然听到了音乐老师徐小平的课，深深被对方的才华吸引，于是就想结识对方。可是徐小平当时是北大有名的老师，而他不过是一个普通的学生，两个人之间根本就没有什么交集。

俞敏洪那时得知徐小平经常会组织一帮老师到家里做客，大家会坐在一起畅聊。俞敏洪认为这是难得的学习机会，于是就打算上门旁听，可是徐小平并不希望有学生打扰他们的谈话，何况俞敏洪又不是他们圈子里的人。徐小平觉得，让一个外人旁听，可能会打搅大家的兴致。聪明的俞敏洪想到了一个点子，他告诉徐小平，那么多人在一起聊天，免不了泡茶、买方便面或者香烟，让参加聊天的人去买肯定不合适，自己可以扮演这样一个服务者的角色。徐小平听了，觉得很有道理，于是就允许让他旁听。就这样，俞敏洪不仅认识了徐小平，还成功进入对方的圈子，学到了更多有价值的东西。

向上社交本身虽然看重价值，但很多时候帮忙处理一些生活中的小事，一样可以输出和证明自己的价值。帮助对方除草，收拾房间，帮助对方购买车票，或者帮忙制定旅游线路，帮忙解决下水道堵塞的问题，这些都可以作为非常好的社交突破口来使用。

满足对方需求时，提供一份完善的解决方案

2007年，明尼苏达州首府明尼阿波斯市发生了一起事故——密西西比河上的一座桥梁坍塌了。州政府和市政府决定重建这座大桥，于是进行招标，很快就有八家桥梁建筑商参与了竞标。参加竞标的本地建筑商有七家，另外一家是明尼苏达州以外的小公司，结果偏偏是这家小公司成功中标。更令人感到不可思议的是，这家小公司此前并没有在明尼苏达州造桥的经验，而且中标的出价最高，工期最长。

面对这一结果，大家纷纷提出质疑。州政府站出来解释，八家建筑商当中只有这家公司的负责人询问了政府官员的需求，其他建筑商在招标时都是拿着桥梁招标文件直接规划标书，唯有这家小公司特意委派了建筑专家和销售顾问去和政府官员进行深入交流，还提出了一系列具有建设性的问题：

“我们注意到，州政府在做交通升级方面的规划，对于这座即将重建的标志性建筑物，我们是不是也要做一些提前的匹配性规划呢？州政府是怎么考量的呢？”

“我们注意到市政府已经出台了关于城市景观升级改造方面的一些规划，作为城市的一个重要组成部分，即将重建的这座大桥位于城市的中央，在与城市景观规划的匹配性方面，市政府是怎么考虑的呢？”

相比于其他建筑商单纯地想要造一座大桥，外州的建筑商不仅要造桥，而且尽量造一座好桥，还要努力匹配城市建设的需求以及市政府的规划。这

种解决方案无疑更加完整，更具有吸引力，它实际上将客户的需求放在了第一位，让客户参与到造桥当中，或者引导客户参与其中，而不是完全自作主张，按照自己的意图来完成任务或者解决问题。

这里实际上涉及对需求理解的问题。在很多人眼中，需求就是一个目标：对方想要做什么，就帮助对方做什么。但事实上，需求的背后还包括对方做事的动机，做事的想法，做事的标准，做事的原则，做事的一些选择，这些都需要进行详细的考量。向上社交者要做的就是挖掘对方的真实想法，或者帮助对方完善这些想法。

这里所说的完善，实际上包含了一个重要的步骤，那就是互动。简单来说，就是向上社交者在了解对方的需求之后，不要急于去实践，而要扩散思维，了解对方的动机、原则和要求，确保所做之事符合对方的预期。在这个过程中，向上社交者需要与对方进行交流和探讨，这种交流包含了两个方面的内容。

第一个方面，向上社交者要主动询问对方有什么设想和规划，即满足或者实现这个需求的一些基本条件，比如什么时候能够完成这件事，基本的预算是多少，有没有什么标准，应该怎样做才算是合格，想要按照什么风格去完成，有没有什么期待。这种询问往往是出于尊重和迎合的需要，简单来说，就是按照对方的要求去做事，去满足对方的各种想法。有时候，不用事事都去请教对方，人们可以依据对方过去的行事风格和标准做出判断，自己完成任务。总之，向上社交者必须弄清楚对方是怎么想的，对方想要获得什么结果。

第二个方面，向上社交者要替对方着想，引导和激发对方做出更合理的规划。对方可能也有很多地方考虑得不周到，也许对方根本没有制定任何规划，也没有所谓的标准，只是单纯地想要解决某个问题，或者满足某种需求。向上社交者想要满足对方的需求，就一定要深入挖掘，让对方参与到方案的策划当中来，双方一同商讨具体的流程、方法，弄明白对方是否有额外的需求，有没有具体的标准。总之，向上社交者需要明白，怎样做才能让对方的需求得到最大的满足。

无论是哪一种交流模式，本质上都是为进行深度交流而做的努力。向上社交者不仅要知道对方有什么需求，还要知道怎样去做才能让对方得到最大的满足，才能最大限度地赢得对方的认同。毕竟，能完成一件事和能够做好一件事是不同的，完成仅仅是一个最低的能力要求，做好才能更好地体现一个人的价值水准。而只有深入交流，制定更完善的方案，才能够在满足需求的同时，给予对方最好的体验。

比如，有几个人准备去拜访一位大客户，得知这位客户的父亲长期患病，需要找一家好医院进行治疗。

A打电话给这位大客户，向他推荐了一家不错的医院。

B直接打电话给在医院担任领导的朋友，让这位朋友帮忙安排客户的父亲住院。

C联系好了医院，接着特意打电话给客户，询问病情和病因，了解病人过去几年的治疗情况和一些治疗的习惯，之后又去医院向医生说明了情况，然后安排专业的医生和护士进行治疗，还非常贴心地和客户一起讨论病人后续的照料和康复问题。

虽然，这三个人都了解了客户的需求，也采取了行动来解决对方遇到的问题，但相比之下，C的表现肯定会更加出色，更让客户感到放心，因为C提供了一个最完整的解决方案。

众所周知，解决问题的方法不同，效果往往也不相同。一个更加完善的方案无疑代表了更强的能力，更多维度的思考，更全面的分析，更用心的投入，它往往可以从能力、态度、思维层面上展示出个人的价值。

多谈论一点共同的利益

物以类聚，人以群分。关系亲近的人实际上都属于同一类人或者相似度较高的人，这些人身上拥有很多的共同点，或者拥有共同的利益：共同点多的人，在情感上更容易亲近；共同利益多的人，在行为和目标上具有统一性。因此，向上社交者要么尽可能找到自己与对方身上相似的点，要么尽可能寻找彼此之间的共同利益。

考虑到社交的本质就是价值交换，所以我们要努力寻找共同利益，让双方之间的连接变得更加直接。很多人也许会觉得社会阶层不同，人们的利益点肯定也不同，高圈层的人可能根本不会和低圈层的人产生什么利益关系。但事实并非如此，利益往来并不是社交圈的层次来决定的，只要有利益可寻，那么任何人都可以形成利益共同体。此外，人们忽略了一点，人具有主观能动性，是能够主动寻找和创造利益互联的机会的，在这一方面，可以看看周凯旋是如何操作的。

1993年北京儿童电影院以及周边的土地有意出售，周凯旋得知这一消息后非常兴奋，因为她认为这块地的价值不可估量。可是，周凯旋没有足够的资金来完成收购，于是联系了很多地产商加入进来，其中就包括当时在内地正大举投资的李嘉诚。

1993年秋天，周凯旋在北京王府饭店第一次见到了李嘉诚。周凯旋在和李嘉诚交谈时强调了一点，这个项目的回报会非常惊人，但需要他的加入才能做大做强。李嘉诚直接开口问她："负责这个项目是否因为你有丰富的地产经验？"周凯旋摇摇头，表示自己没有经验。李嘉诚没再多说，而是谈到了拆迁和土地平整问题，问她怎样去处理。周凯旋表示自己有办法，毕竟事关自己的利益，不仅如此，她还提出要获得总投资2.5%的顾问费，李嘉诚答应了她。

6个多月后，项目所征用土地全部拆迁完成，原本的建筑物都被夷为平地。周凯旋顺利拿到了4亿元的顾问费，但她没有取走全部的钱，而是找到李嘉诚，希望将剩余一半的钱投资该项目中的东方广场，并希望双方继续进行合作。这恰恰是周凯旋聪明的地方，她自己也入股这个项目，直接成了李嘉诚的合伙人。这样一来，双方之间就有了更多的共同利益。事实上也正是因为如此，李嘉诚对周凯旋刮目相看，并且将其引入自己的社交圈，两个人很快成了要好的朋友，李嘉诚也放心地让她帮忙打理自己的基金会。

很多高明的谈判者都知道，想要说服对方，就要营造和谐的氛围，寻找共同利益来强化彼此之间的联系，推动双方关系的进步。向上社交，有时候也像一种谈判，向上社交者想要赢得对方认同，想要推动彼此之间的有效连接，就要想办法挖掘并强调共同利益。

那么具体应该怎样去做呢？

首先，要改变思维，将关注点从"自己获得什么利益"，转移到"我们能够获得什么利益"上，不要将向上社交当成个人获取利益的工具，而要创造共同受益的契机。虽然人们有着自己的利益诉求，但和对方沟通时，最好不要强调"我想怎么样"，而要更多地谈论对方从中获得的收益，而且最好是谈论双方共同的利益。谈论对方能够获得的利益，往往体现出了对对方的尊重，的确可以吸引对方的注意力；而谈论共同利益有利于实现利益捆绑，将双方拉到同一阵营内，不仅满足了对方的利益和需求，还有效促进了彼此之间实现更稳定的连接。

其次，不能用零和博弈看待问题，而要多用正和博弈。什么是零和博弈呢？简单来说，就是一方获利，一方亏损，且获利刚好等于亏损的状态，这往往会将人们限制在“只顾着自己获益”的狭隘思维当中。而正和博弈则强调大家的互惠互利，共同发展，一方在获益的时候不会伤害另一方的收益。只有坚持以正和博弈的姿态看待问题，才能够沉下心来把握彼此之间的共同利益。同时，人们要意识到合作的价值，培养合作的意识，并以此来建立更好的社交连接。

总之，人们需要想办法寻求共同利益，毕竟并不是所有的共同利益都那么明显，一个出色的社交者应该想办法挖掘共同利益。假设某个企业家在市区开设了一家工厂，生意慢慢步入正轨，市长这时打算将税收从原先的25%提升到50%。这么多的税收对企业家来说会成为一个沉重的负担，而且，市长这样做必定会增加其他企业的税收，那么这个企业家原先打算吸引一家供应商到附近建厂的希望也会落空，因为供应商肯定会因为高税收而拒绝进入市区建厂。可是如果不按照市长的指令去做，市政府财政不足的问题会进一步加重，市区内的基本建设就会受到影响。

那么，这个企业家该如何去谈判呢？想要实现市长的目标，同时确保自己的税收不会增加，那么最简单的方式就是找出彼此之间的共同利益。

企业家可以说服市长改变税收政策，在当前的基础上进一步降低税收，然后自己会说服和拉拢多个大客户来市里建厂。不仅如此，自己将会联合当地的商会，一同吸引更多的企业加入进来，提升市区的企业数量。当企业越来越多时，税收自然会增加，而且也能吸纳更多的劳动力，增加就业率。对于企业家来说，由于更多的客户进驻，企业的成本进一步降低，生意会越做越大。

对于企业家提出来的方案，市长有很大可能会接受，因为他们有着共同的利益：通过引进更多企业来创收。

在向上社交中，人们需要认真挖掘彼此之间的共同利益，这些共同利益可能建立在不同需求的基础上，但是只要能够产生一个让双方都满意，或者能够给双方带来好处，那么这个方案就代表了共同的利益。

第六章

— 人与人沟通，最重要的是情感交流 —

在社交中，人与人之间的交流大抵是两种心态：一种是简单的利益交换，参与社交的双方都具有各自的利益诉求，都是为了满足自身的利益需求；另一种就是情感交流，亲朋好友之间的交流大都是情感交流，情感交流是维系双方关系的一个基础和保障。即便是利益交换双方，也可以通过情感交流来强化彼此之间的关系。在向上社交中，情感的交流会成为突破圈层障碍的重要方法，而且相比于价值展示，在情感方面寻求突破点的难度会更小一些。

诚信才是赢得他人信任的关键

在社交中，诚信是一个重要的品德，这是建立互信机制的基础，也是彼此之间进行深入交流的前提。从心理学的角度分析，诚信之人往往能给人们提供更多的安全感。一个人的诚信是个人习惯的体现，它是通过以往的行为积累起来的，他人可以依据这种行为表现来判断人们未来的行为模式。这也是双方可以产生交流并进行良性互动的重要保障。

因此，人们常常会将诚信当成社交的第一原则和最重要的道德品质。在向上社交中，人们对诚信更为重视，想要赢得更高圈层的认同，想要获得更加优秀的人的尊重，那么就要做到诚信待人。那么究竟怎样做，才能在向上社交中展示自己的诚信呢？

一、不要轻易做出承诺

承诺是人际关系中的黏合剂与催化剂，只有关系密切的人，或者相互信任的人之间，才会做出承诺。但很多人将承诺当成一种很普通的社交策略，动不动就向人做出承诺，这样的人拿承诺不当一回事，通常很容易就违背诺言。

有个创业者找到了一个投资机构的负责人，希望对方可以投资自己的公司。为了说服对方进行投资，创业者首先描述了公司的发展状况和行业环境，描述了未来几年时间内的发展潜力和愿景。不仅如此，为了吸引对方的关注，他向对方做出各种承诺：一个月后推出完整的内部管理体系，年底会推出新的产品。5年后会将企业做到行业前十，此后保证每年的营业额提升至少20%。

眼看创业者一口气做出了多项承诺，投资机构的负责人觉得创业者或许真的有能力，但是为人不太靠谱，并不是一个合适的投资对象，于是拒绝进行投资。

其实，在向上社交时，很多人急于赢得对方的认同而做出各种承诺，而这反而会让自己看起来不够踏实，在人际交往方面缺乏诚信。一个真正有诚信的人，是不会轻易向别人做出承诺的，更不会将承诺作为一种常规的社交手段频繁使用。

二、要对自己的言行负责，必须说到做到

诚信的人往往说到做到，他们会对自己的言行负责，当自己说了什么话，做出了什么保证之后，就会按照自己的话去做，保证行为和言语的一致性。在向上社交中，想要获得对方的认同，就要做到言行一致，就要在行动中践行自己表达的内容。

在20世纪20年代，一个风雨交加的夜晚，一对老人走进一家旅店的大厅。由于天气很坏，两个人决定留在当地住一晚，于是就问服务生有没有房间。当晚值班的一个服务生有些抱歉地说道："今天的房间已经被一支前来开会的团队给包下了。我原本应该送您二位到附近的旅店住下，但今天天气不好，如果你们不嫌弃的话，就住在我的房间吧！它虽然算不上豪华套间，但也算干净整洁，今晚我值夜班不回去睡觉，你们可以免费睡在那里。"老人眼看没有去处，只好同意了这个方案。

到了第二天，老人去前台结账，服务生连连拒绝，他对老人说道：“你们昨晚住的并不是旅店里的客房，根本不用花一分钱。我既然答应了让你们住我的房间，肯定不会收钱的。”老人听了连连赞美：“像你这样的员工正是旅店老板们梦寐以求的，或许改天我应该为你盖一栋旅馆。”

服务生以为老人只是开玩笑，微笑着目送他们离开。可是几年以后的某一天，他突然收到了一封信，信中讲述了那个风雨交加的夜晚所发生的事情，然后还有一张往返纽约的机票。到了纽约曼哈顿，服务生在第五大道遇到了老人。老人指着路口的一栋新大楼，说道：“这就是我为你盖的旅馆，希望你来帮我经营和管理，你还记得这件事吗？”服务生听完之后感到非常震惊，忍不住问了一句：“那您有什么条件吗？为什么会选择我，您到底是谁？”老人听了微微一笑，说道：“我叫威廉·阿斯特。”这个时候，年轻的服务生才知道自己即将负责经营的是日后名扬全美的华尔道夫酒店，也是各国政要来纽约之后入住的首选。

很显然，服务生用诚信感染了老人，老人投桃报李，也信守承诺为他提供了一份好工作。

三、诚信意味着不欺骗、不弄虚作假

诚信的人往往不会弄虚作假，不会欺骗他人。他们始终坚持实事求是的办事态度和社交原则，该是什么就是什么，不会为了自身的利益而欺骗他人。这样的人具有坦荡的胸襟和善良的个性，具有很大的人格魅力。

日本著名企业家吉田忠雄在创业之前，曾经在一家很小的电器商行做推销员。一开始的时候，他的业务做得非常糟糕，客户根本看不上他的产品，这让他感到非常沮丧。但即便如此，他仍旧兢兢业业地上班，用心为每一个人服务。有一次，他向客户推销了一款质量很好的剃须刀，并且在半个月内将产品卖给20几位重要的客户。正当他高兴的时候，却发现自己卖出去的剃须刀比其他商店里价格更贵，这对客户来说无疑像是欺骗。

思虑再三，吉田忠雄决定向这些重要的客户说明情况，并退还剃须刀多出来的钱。此举让吉田忠雄很快赢得了客户的认同，于是几个有实力的客户向吉田忠雄追加了一大笔订单。吉田忠雄的业绩急剧上升，很快成了业内的红人，而这也为他后来的业务拓展和创业奠定了基础。

美国著名小说家西奥多 · 德莱塞说过："诚实是人生的命脉，是一切价值的根基。"一个人想要体现自己的能力，想要体现社交的价值，保持诚实守信的姿态是关键。保持诚信，才能赢得他人同等的信任和尊重，才能更好地处理人际关系，为自己的人生铺路。

积极闲聊，从生活面切入

在赞美某人的社交能力时，人们经常会说这个人“会聊天”。所谓的“会聊天”并不意味着说得多，也并不意味着把话说得漂亮，它包含了两层意思：第一层意思是能够把话说得让人舒服，大家都愿意与之交流；第二层意思是说这个人可以有效地通过对话的方式与他人建立连接。

一个善于表达的人，一个社交能力出色的人，不仅能够把话说到人心里去，而且与任何人都可以有效地展开交流。这种人不仅可以在特定的话题上进行发挥，也可以随时随地展开闲聊，并以此来展开有效的沟通。许多人都不会聊天，一个最基本的标志就是不懂得闲聊。事实上，很多时候对话的产生都是建立在一个特定的剧本，或者一个事先约定的主题上展开的。比如，讨论工作中的问题，召开会议，业务谈判都属于这种类型。人们在毫无剧本和主题的情况下进行交流，就要发挥闲聊的能力，创造出一个双方都关心、都感兴趣的话题。

闲聊的时候，哪些话题最适合且最能引起双方的共鸣呢？关于这一点，可以找一找人们日常生活中最在乎的东西，想一想人们经常为之烦恼且希望做得更好的事情。比如，作家法拉奇就在《别独自用餐》中谈到了闲聊的三个基本主题：健康、财富和孩子。

健康是多数人最重视的话题，毕竟人的工作和生活都是建立在一个健康的身体基础之上。只有身体保持健康，才有足够的精力和能力解决生活和工作中的问题，而一旦健康出现问题，不仅要承受病痛带来的折磨，还会影响自己的状态。随着生活水平的提升，以及生活节奏的加快，人们对于自己的健康越来越重视，健康已经成了日常生活中最有话题性的社交要素。

一个年轻人最近刚搬了新家，他加入了一个业主群。大家在周末的时候一起聚会，商讨一下小区的管理问题。聚会时，这个人发现与会者中有一个人正好是公司的大客户，公司大约30%的订单都来源于对方的公司，公司的老板对这个客户非常重视。

年轻人意识到自己需要和对方建立联系，于是见到对方后，他礼貌地上前打招呼。看到对方穿着运动鞋和运动裤，便意识到对方喜欢运动，于是他聊起了健康和运动的事："我没有记错的话，您今年应该65岁了吧！可是您看上去精神状态很好，估计您平时都在运动。"

"是啊，我每天早上都去市体育中心跑步。"

"哦，我偶尔也跑步，但不像您这么能坚持，现在也处于亚健康状态了。"

"那是要多锻炼一下了！你知道吗，我患有三高，不跑不行。"客户有些严肃地说。

"是吗，看来我也要每天坚持跑下去。我知道有一个地方非常适合跑步，就是沿江的湖滨老路，那里车辆很少，空气还非常清新，风景也好，非常适合您。在体育中心跑步，人太多了，而且空气不太好。"

客户一下子来了兴致，于是询问明天是否可以一同去跑步，年轻人爽快地答应下来。就这样，两个人每天一同跑步，关系越来越好。后来，年轻人也借助这样的机会，成功拿到了更多的订单，成了老板面前的红人。

健康是一个社会性的话题，人们很容易以此作为社交连接的要素。在向上社交中，人们需要懂得去关心对方的健康，去分享一些维护健康的方法，类似于锻炼身体、健康饮食、药物治疗的配方，以及社会热门的健康理念和信息，都是值得分享的内容。这些话题往往可以有效促进彼此之间的关系。

接下来是财富的话题。相比于健康，财富可能更具吸引力，毕竟财富不仅意味着个人的社会地位、社会形象以及生活的质量，也关系着个人对未来的掌控。对于多数人而言，获取财富是维持正常生活所需的必要手段，没有财富作为支撑，个人的生活就会陷入困境。在社交当中，财富是一个非常活跃的话题，具有很强的黏性。一般来说，人们在向上社交的时候，可以更多地与对方谈论财富方面的话题，诸如赞美对方的工作能力，强调彼此之间的共同利益，分享一些盈利与理财的方法，或者谈论一些经济热点话题，又或者表达自己对财富的一些看法。

有个富豪在投资中亏了大半身家，心情很沮丧，就跑到湖边散心。一个普通上班族刚好经过湖边，以为富豪要寻死，于是赶过去开导。为了不刺激富豪，他谈起了自己的工作，分享了自己工作的点点滴滴，还谈到了自己窘迫的经济状况。他为了支付高额的房贷和孩子的生活费，下班后不得不兼职做代驾，妻子也在外面摆地摊。可是，即便如此，一家人还是过得很愉快。富豪很快就被对方的话打动了，于是敞开心扉聊起了自己过去一段时间的经历，并聊起了自己的新规划。第二天，富豪就出现在了这个普通上班族的办公室，然后邀请他担任自己的助理。

财富是一个沟通维度比较多的话题，向上社交者可以从各个方面来切入，找到更多的共同语言。

最后是孩子的话题。孩子是一个更容易引起情感共鸣的话题，对于那些组建了家庭并且拥有孩子的人来说，孩子可能会成为他们生活的重心。因此，向上社交者可以通过谈论孩子的话题来赢得向上对话和连接的机会。

关于孩子的话题有很多，包括孩子的健康，孩子的学习，孩子的社交，孩子的性格和爱好，以及孩子的家庭教育问题，这些都是有效的切入点。在对话的时候，可以选择赞美对方的孩子，询问孩子的近况，或者从自己孩子身上引出相关话题，从一些教育热点新闻上引出孩子的话题。向上社交者还可以向对方请教一些育儿经，或者分享和交流自己的一些育儿心得，谈论生活中和孩子在一起的幸福片段。

有个知名的画家去小镇上度假，很多人得知消息后前来拜访。这些人中有人希望获得他的画，有人则希望和他交往，这让画家不堪其扰。碍于情面，他又不能当面拒绝他们，因此只能尽量保持冷漠的姿态。

某一天，画家带着小女儿在庭院里割草，邻居走上前赞美："不得不说，这孩子真的很棒。"

画家抬头看了对方一眼，礼貌地说了一句："谢谢。"

邻居接着说道："我也有一个孩子，也像她这么大了。不过是个男孩，非常调皮，让他割草的话，可能会把草地翻个面。"

"男孩子总是这样，活泼好动，长大了就会好一点。"

"谁知道呢？我都好奇自己是不是教育方法出了问题，他总是想着法子折腾我。"

很快，两个人就谈论起了孩子的教育问题，画家还非常慷慨地分享了自己的育儿观念，他还建议邻居下次带孩子到家里来玩，他想要见见这个孩子。不久之后，画家真的邀请邻居到家中做客，两家人的关系越来越亲近。一个月之后，画家结束了假期，重新回到了城市，临走前送给邻居一幅画。

需要注意的是，在以孩子为社交话题的切入点时，要多赞美对方的孩子，引导对方分享孩子生活的点滴，这样有助于强化彼此之间的情感联结。

学会赞美别人，赢得他人的认同

心理学家认为每个人的社交行为都被两种力量支配：第一种是自我保护的力量，人们为防备来自外界的威胁和伤害，因此始终保持谨慎的、防守的姿态，不会轻易接纳外界的东西，以免自己受到不安全因子的入侵；第二种是向外社交的力量，简单来说，就是一种推动自己走出去，和外界建立连接的力量。这种力量会不断提醒自己去接触外界的人和事，和外界建立更深的连接，从而获得更多的认同。

当自我保护的力量大于满足社交需求的力量时，就会形成一种自我封闭、自我防备的状态，谨慎拒绝外界的干扰。当自我保护的力量偏弱时，个人更容易接纳外界的人和事，更容易和其他人建立社交联系。社交者想要与他人建立连接，甚至成为朋友，那么最好的方式就是提升对方向外社交的力量，而赞美就有助于实现这个目的。

从心理学的角度来说，人们都渴望获得认同，即便是那些社会精英和高层人士，也需要获得外界的认同和赞美。人们听到赞美的时候，会降低心理防备，产生更为强烈的社交意愿，使自我保护的力量不断衰减。

在向上社交中，想要赢得那些优秀人士的关注，想要获得高圈层的认同，就需要借助赞美的方式来拉近人际关系，减弱对方的自我保护意识。每个人都有情感账户，人们想要建立良好的人际关系，就要懂得投资对方的情感账户，而赞美和欣赏就是往对方情感账户里存钱。总之，恰当的赞美往往可以加深彼此之间的情感联结。

那么在向上社交中，究竟应该如何赞美对方呢？

一、赞美要有针对性

赞美就是把自己看见的、听见的能够感知到的关于对方的东西进行总结和提炼，提取出最独特价值，然后用合适的语言和欣赏的姿态表达出来。事实上任何一个人身上都可能存在多种价值，可能存在多个优点，没有必要逐一进行赞美，通常只要选择自己最欣赏或者最让对方在意的那些优点进行赞美即可，或者选择那些和自己要表达的内容息息相关的优点，借助赞美来推动相关内容的呈现。

假设A是行业精英，做事很专注，技术能力很强，为人很孝顺，那么想要向对方请教一些技术问题时，可以重点赞美对方的技术能力。假设只是单纯地想和对方交个朋友，可以谈论对方的孝心。

二、赞美要尽量引发共鸣

一个聪明的向上社交者，在赞美对方的时候，不仅会夸赞对方的能力，还会想办法告诉对方“我们在这件事上的价值观保持一致”，或者“我们拥有共同的目标”。这样，更容易引起共鸣，从而拉近双方的关系。

常见的表达方式有以下几种：

——“我一直都渴望成为一名出色的运动员，就像您现在这么优秀。”

——“我听了您的演讲，觉得您太出色了！我非常认同你的观点。”

——“你做的这件事太棒了，我是你的粉丝。”

——“我早就想要这么做了，当然只有您才能做得那么出色。”

在很多时候，向上社交者与对方之间可能立场不一致，可能存在一些分歧，但为了缓和矛盾，依然可以找到一些共同点进行赞美。假设公司的老总打算进行全面改革，但是部门经理却不赞同这么激进，以免引发内部的混乱和分裂，部门经理可以这样说："求变是所有人的心愿。我所担心的是，大家目前还跟不上您的脚步。"这句话就隐晦地表达了自己同意改革，但希望一步步来推进改革的意愿，同时赞美了老总的能力高于众人。

三、请教式的赞美

赞美通常是为了满足自己的社交目的，它的功能不能局限在"让人感到舒服"上，聪明的赞美者会在向上社交时赋予赞美新的功能，比较常见的一种就是利用赞美来请教问题。基本模式是先提出问题，然后赞美对方的优势，最后明确自己的愿景。比如，某人在工作中表现非常出色，那么其他人向他请教问题时，可以这样说："你的工作能力太强了，不知道我什么时候可以像你一样出色。请问，你有什么方法和秘诀吗？"或者也可以这样说："像您这么出色的人，平时都是怎样工作的？"

四、故事性赞美

通过讲述一个故事来赞美对方，这样既显得更有诚意，也显得更有说服力。在讲故事的时候，可以直接以对方为故事的主角，也可以讲述其他人的故事，与对方的行为形成一个对比，以此来凸显对方的能力和价值。

比如某人为了赞美一个演说者，会这样说："您还记得上次在电视上的演讲吗？我在电视前听得如痴如醉，还拿了一个大本子记录，结果一个字都没写，因为我完全不敢分心，生怕错过您说的每一句话。"

或者也可以这样进行赞美:“上周电视台举办了两次演说，有两个大学教授讲述了中国历史，那两期节目的收视率很不错，突破了收视纪录。你知道吗，电视台的台长打电话和我说:这可能是今年最佳的节目了。可是没想到，仅仅三天之后，您发表演说的收视率就轻松打破了这个记录。”

相比于其他赞美方式，故事性赞美的内容可能更加丰富和具体，而且往往可以引起更多的互动。

无论哪一种赞美方式，最重要的是强调对对方的尊重和欣赏，这是拉近彼此关系的关键要素。

定期交流，增强双方的关系

一段良性的、稳固的关系，往往需要定期进行维护。两个人关系再好，立场再一致，如果平时不懂得定期交流，关系也会在时间的冲刷下慢慢变淡。在社交中，人们往往会犯一个错误，那就是试图不断增加新的社交关系，拓展人际关系网络，往自己的社交名单上加人，却很少愿意花时间和原有的朋友进行互动。人们更喜欢追求新鲜事物，更喜欢体验新的东西，这就使得人们的社交专注力容易从关系的维护转移到关系的拓展上。

另外，人们大都觉得和自己较为熟悉的人已经没有太多的话题可聊，而且双方的关系也不需要额外的交流来推动，即便两个人一句话不说，也还是社交圈的朋友。正是由于抱有这样的想法，人们往往会发现自己和老朋友之间的关系越来越淡。其实，这并不是一种明智的做法，人们可能会因此失去苦心经营的人际关系，尤其是一些非常优质的人脉资源。

在谈论向上社交时，人们也应当关注社交关系持久性的问题，不要将向上社交当成一次性的消费行为。一份优质的人际关系更加值得长期经营，人们需要用定期交流的方式去维护和保养自己的人际关系，通过日常的维护来强化彼此之间的关系和感情。

定期交流并不是每天都给对方发信息，也并不是每天都找对方聊天，而需要掌握技巧，寻求一种更为高效的情感联结模式。

——要记住对方的生日和结婚纪念日这一类重要的日子，或者在元旦、春节、中秋节等特殊的节日中给予真挚的问候，或者可以通过赠送一些小礼物表明自己的心意。

——积极参加对方举办的一些重要活动，比如对方可能会举办一些私人聚会、演说、音乐会，或者举办一些慈善活动，当对方发出邀约时，一定要欣然前往，给予必要的支持。当对方参加某些重要的活动（诸如颁奖典礼）时，最好能够现身支持。

——留心对方的活动和行为，观察对方的改变，比如对方获得了某一类奖项，或者对方的名字出现在了报纸的头版头条，又或者对方获得了职位的升迁，向上社交者都要在第一时间打电话祝贺。

——了解对方的需求，主动寻找对方所需要的信息，或者寻找对对方有用的信息。比如向上社交者偶然发现了一个商机，可以分享给对方，或者发现某些信息可能会对对方的事业有帮助，就截取信息发送给对方。或者当发现对方正为某件事感到困扰时，可以主动帮忙解决问题。

——要学会定期拜访和聚会，这是面对面交流的最佳方式，也是促进感情升温的有效方法。其实，向上社交者可以重点关注对方的行程，当对方进入自己的城市时，可以邀请对方吃饭或者带对方在本地游玩。

——定期一起娱乐，比如双方可以约好一起外出旅游，可以约好一起玩网络游戏，或者一同去野外钓鱼。当双方拥有相同的爱好时，就不应该放弃这种共同娱乐的机会。

——借助互联网进行沟通，比如为对方的朋友圈内容点赞，或者积极留言互动，转发对方发布的文章，平时也可以适当交流一下工作心得，分享生活点滴。

钢琴大师肖邦早年就展示了不错的钢琴演奏天赋，但他当时只是籍籍无名的小人物，并没有人赏识。后来，有人建议他找大钢琴家李斯特，也许对方可以帮助他。肖邦逃亡到巴黎时见到了李斯特，并主动和对方交流。得知肖邦也是钢琴家，李斯特就让他演奏一曲，结果李斯特被肖邦的才华惊艳了。两个人分别后，肖邦并没有继续流浪，而是留在了巴黎，并且经常向李斯特请教钢琴方面的问题。他们谈论各自的生活和对钢琴演奏的理解，不久之后便成了非常要好的朋友。

肖邦一直试图推销自己的演奏能力，但外界似乎并不看好他。李斯特想出了一个点子，他在剧场举办个人钢琴演奏表演，吸引了大量听众前来。表演正式开始前，他坐在钢琴前面，接着让人熄灭了剧场里的灯光，然后他悄悄走下台，让肖邦顶替自己演出。演出结束后，当大家还沉浸在美妙的琴声中时，灯亮了。大家惊讶地发现，台上坐着的是肖邦！经过李斯特的巧妙操作，肖邦名声大噪。

试想一下，如果肖邦不擅长社交，不懂得和李斯特处理好关系，那么即便李斯特再怎么爱才惜才，也难以帮助肖邦出人头地。正因为如此，在向上社交中，人们需要积极转变思维，在和对方建立连接之后，懂得定期进行维护和保养。

向上社交者要明白，好关系是在不断地交流中打磨出来的。每个人都有自己的棱角，定期的交流和沟通，会让彼此之间的棱角变得更加契合，感情也会变得更加稳固和深厚。不断强化彼此之间的交流，才能推动自己顺利进入对方的社交圈，认识更多高圈层的人。

在社交活动中展示自己的热情

《有影响力的人类行为》这本书中提到了一个观点："喜欢产生喜欢。如果我们对我们的听众有兴趣，听众也会对我们产生兴趣。如果我们不喜欢台下的听众，他们不管在外表或内心，也会对我们表示厌恶。如果我们表现得相当胆怯而且慌乱，他们也会对我们缺乏信心。如果我们表现得很无赖，言词夸张虚假，听众们也会表现出自我保护性的自大。经常地，我们甚至还没开口说话，听众就已经从我们的态度中评定我们的好或坏了。因此，我有充分的理由指出，我们必须事先确定我们的态度，一定会引起听众热烈的反应。"

在社交中，表现出自己的热情和兴趣，这是非常重要的，因为个人对社交活动的投入和状态，往往会影响对方的情绪，也会导致对方对这次社交活动是否值得继续展开进行评估。比如个人在向上社交中积极性不高，情绪比较低落，而且明显心不在焉，那么对方会认为他在敷衍了事，对自己不够重视，或者对自己不够满意。

在强调社交的热情时，主要包含了几个方面的要素：第一个是情绪是否高昂，是否表现得足够积极，是否对社交活动充满了期待，是否愿意进行互动；第二个就是注意力，看看对方在向上社交中是否表现得足够专注，是否表现得足够投入。

以情绪是否高昂为例，假设某人和老板进行对话，在谈话中表现得很被动，老板问一句就答一句，不问的话就不回答，而且自己也不想表达任何的观点，更别说提任何意见或者建议了。由于在整个对话中缺乏互动性，这种消极的态度明显会让老板感到不舒服，老板会觉得这个员工大概是对谈话内容感到不满。

一个聪明的向上社交者，往往会注意调节自己的情绪，展示出更好的精神状态，以此来显示自己对社交活动的支持和期待，以此来展示自己对对方的尊重。

有个年轻人偷偷溜进一个演讲大会现场，倾听演说大师安东尼的表演。当安东尼说到精彩之处，年轻人跟着大家鼓起掌来，还忍不住大声尖叫说“好”。这样一番举动迅速引来了大家的目光，保安发现之后立即赶了过来，以为年轻人是故意来捣乱的，于是毫不犹豫将其赶了出去。

安东尼也注意到了会场的喧闹。演说结束之后，他找到了还在门口等待的年轻人，问对方是否喜欢听演说。年轻人见到安东尼和自己说话，激动地点头。安东尼给了他一个联系方式，说：“我这个月在这个城市还有几场演出。你下次来吗？来的话就打电话给我，我让助理亲自带你入场。”年轻人激动得说不出话来，连连点头。

专注度和注意力也是展示热情的一个基本前提。心理学家认为，注意力拥有四个基本维度，首先是集中度，即在一瞬间所关注的事物的数量；其次是分配力，是指同时做多项任务时，注意力平均分配在各个项目上；再次是持久性，在一个较长时间段内，将注意力集中在某一特定事物或者活动上；最后是转移力，是指个人注意力从某一事物转移到其他事物上。

网络上有一个比较生僻的词汇叫“摸机率”，简单来说就是人们在交谈中触摸手机的频率。事实上，随着人们对手机的依赖越来越大，几乎达到了手机不离手的地步，无论是吃饭、上学、上班、睡觉、运动，都喜欢将手机放在身边，有事没事就翻出来看看。尤其是当人们对某件事情不感兴趣的时候，就会不受控制地查看手机。正因为如此，很多人将摸机率当成个人是否专注的一个指标。

假设某个人正在谈话，倾听者在两个小时内没有触摸一次手机，那么就证明了对方对相关的话题很感兴趣，也表明了对方懂得尊重表达者。如果倾听者每隔几分钟就要摸一摸手机，或者打开手机查看信息，那就证明了对方对相关话题提不起丝毫兴趣，对方更渴望更换话题或者结束谈话。

在向上社交中，如果人们想要赢得对方的认同，那么首先就要表现出足够的专注度。比如保持认真倾听的姿态，必要的时候可以做笔记；在谈话的过程中，不要做其他的事情，不会受到其他事情的干扰；要懂得针对对方的谈话提出问题，挖掘更多详细的信息。当人们表现得足够专注时，往往可以表现出“自己看重这一次对话”的态度，可以表现出自己喜欢和对方交流的意愿。

其实，无论是情绪展示还是个人专注度的呈现，都要坚持一个基本原则，那就是让对方感知到自己的这些状态，因此有时候需要展示得更加充分、更加明显一些。还有一点非常关键，热情只是个人的一种状态，它并不意味着立场，并不意味着绝对服从。向上社交者可以有自己的想法和主观意愿，可以有自己的立场和利益诉求，不应该为了展示热情就忽视了这些诉求，直接无条件地向对方靠拢。

不要只关注自己，要懂得关心别人

著名的成功学导师卡耐基有一个叫克纳夫的学员，他从事煤炭推销工作，多年来一直在努力向一些大公司推销自己的煤炭，可是最近几年他干的不是很顺利。原来，有一家大型连锁公司每年的煤炭需求量非常大，可是克纳夫每次上门推销，对方要么避而不见，要么直接回绝，而且这家公司的经理和克纳夫之间有不少的过节。

卡耐基听说了这件事，举办了一次主题是“发展连锁店业务对国家来说弊多利少”的辩论赛。卡耐基还将克纳夫分在了反方，让他坚持“发展连锁业务对于国家大有裨益”的观点与正方进行辩论。

克纳夫为了赢得辩论赛，只能硬着头皮找到那家大型连锁公司的经理。见面后，他直接说明了来意：“我这次来不是为了推销煤炭的，我有事相求。我觉得这事没有比你更能胜任的人选了，我在参加一场关于发展连锁业务对国家来说弊多利少的辩论赛。我担任反方辩手，如果你能提供给我资料我将感激不尽。”

这个经理虽然不喜欢克纳夫，但并没有直接表态拒绝。没想到的是，两个人愉快地交流了100多分钟，经理还主动为克纳夫提供了许多资料。当克纳夫准备拿着资料离开时，经理突然叫住了他，微笑着说：“开春的时候你来，我们谈谈你的煤炭生意吧。”

为什么经理的态度会转变得如此之快呢？原来当克纳夫强调发展连锁业

务对于国家发展利大于弊时，就赢得了经理的认同，双方因为拥有共同的立场和想法，而顺利拉近了彼此之间的距离。此外，克纳夫从相关话题谈到了这家连锁公司的业务，谈到了它在市场上扮演的重要角色，这让经理非常高兴。于是，他很自豪地谈到了连锁公司的业务，还重点谈起了公司为几百个社区服务的。

很明显，由于经理察觉到了克纳夫对自己公司的认同，以及对相关业务的关心，于是消除了之前的敌意，并且对克纳夫的印象有了很大的改观。这促使双方之间的合作水到渠成。

克纳夫经过这件事意识到了一点：想要成功推销产品，想要和别人建立连接，就要懂得去关心对方。克纳夫感慨地说："在过去几十年里我只关心自己的生意，结果怎么推销都是徒劳，但当我真正的关心起他人的生意后，在两个小时所取得的进展比过去十年还多。"

在现实生活中，很多人都会像克纳夫一样，将向上社交当成自己谋利的方法，因此常常会将社交注意力和关注点集中在自己的利益诉求上，集中在能够满足自身需求的项目上，却常常忽略了社会关系是相互作用的，想要让对方满足自己的利益诉求，就要懂得关注对方的需求。这是一个基本的规则，或者说整个社会的运作都是建立在这个规则之上的。人们如果只关心自己，只关注自己的利益，那么凭什么要求其他人来关注他们呢？又有什么资格去寻求更多的帮助呢？

人们在追求自身利益的时候，应该懂得关心他人，这是推动双方关系更进一步的关键。

首先，要去了解对方的生活，了解对方的需求是什么，弄清楚对方的基本信息，这样做有助于拉近彼此之间的距离。心理学家认为，每个人都有自己的需求，在考虑他人为自己做什么的时候，应该更多地想一想别人生活中缺少什么，想一想别人渴望获得什么。尽管自己未必有能力满足他人的需求，但了解和关心他人的一些生活需求，这本身就是最好的支持，能够让对方产生更多的好感。

一个业务员准备找客户商谈合作，可是找到对方后，发现对方一直忙着处理内部的工作，于是就在门口等待。客户其实知道业务员的到来，但他对于这次的合作不感兴趣。他的公司体量比对方大十几倍，拥有更多更好的合作对象，他有意冷落对方，希望对方知难而退。

下午6点了，客户还在办公室加班，业务员终于放弃了。他有些失落地走下楼梯，却发现楼梯的扶手有些松动了，如果有人靠在上面很可能会倒塌。他毫不犹豫地解下自己的领带，将松动处绑起来固定，然后到这家公司的保安室通知对方来修理。而这一幕正好被客户看到，客户心里非常感动，于是就叫住了业务员同他商谈合作。

在社交中，对他人表达关心，是一个非常有效的连接模式，可以有效刺激对方的情感，从而更好地为自己争取更多的印象分。

其次，做人一定要具备同理心，在要求别人怎样做之前，或者在质疑别人之前，应该试着站在对方的立场和角度看问题，尝试着按照对方的思维去理解和分析问题，而不是一直期望对方帮助自己。

有个知名企业家想要招收一位合格的秘书，于是在电视上刊登了招聘启事，还发布了公司的邮箱。结果，短短两天时间，就有几千人投来简历。企业家为此发了愁，这么多的简历自己什么时候才能看得完啊。

他只能从中抽样阅读，一开始他阅读了大约50份简历，发现这些简历大都是描述自己的工作经历和能力，讲述自己对秘书工作的理解和期待，并没有什么太大的不同。就在他感到头疼的时候，一封奇特的邮件让他眼前一亮。这是一位普通大学的本科生发来的邮件，对方并没有过多地做自我介绍，而是说了这样一段话："我想您这几天一定非常忙碌，没有时间和精力浏览所有的邮件。在大学期间，我就负责给老师整理邮件，如果您真的需要一个帮忙查看邮件的人，可以打我的电话，我可以随时随地为您效劳。顺带说一句，我这几天一直在您公司的门口。"

企业家看到这封邮件后，立即意识到这个人就是自己所需要的秘书，于是立即让人打电话给对方，带他上楼办理入职手续。

加强情感联结的关键在于深入了解对方，尝试去关心对方的生活，以此来触动对方的内心世界，降低对方的防备，从而更顺利地建立社交联系。

不要进行情绪勒索

情绪勒索是指人们受困于负面情绪或者困境，找不到释放压力的出口，就会强迫他人顺从自己的意愿行事。一般来说，进行情绪勒索的时候，人们会对受害者进行精神和道德上的施压，通过扭曲和放大对方身上某些不当行为，迫使对方产生罪恶感和羞耻感，最终实现情绪上的控制。

情绪勒索最常出现在家人身上，比如父母为了说服孩子努力读书，会强调自己的付出，强调自己的期待和爱，认为孩子不能辜负了这份爱和付出，而这往往会让孩子承受巨大的道德压力。在销售当中，一些销售员为了说服顾客买下自己的产品，也会进行情绪勒索，“其他家长都在给孩子买这款产品，您难道不打算购买吗？花一包烟的钱，来保障孩子的快乐，难道不值得吗？”

一般来说，情绪勒索存在三个方面的内容，包括恐惧、义务以及罪恶感。

恐惧主要是指施暴者对受害者施加的威胁和压力，比如警告他们不听从命令，就会遭遇怎样的惩罚。受害者因担心遭到惩罚而选择迎合对方。一旦受害者产生恐惧心理，施暴者会站在道德制高点上继续输出，确保对方可以完全按照自己的意志行事。

义务是指施暴者会强调受害者听从自己的指令是出于一种义务，即受害者有责任为施暴者考虑，有责任按照施暴者的意图去执行。这种义务往往会成为捆绑受害者的重要武器，而受害者可能会因此而承受巨大的压力。一旦受害者将服从当成一种义务，可能会在以后的交往中陷入更大的被动状态。

罪恶感是情绪勒索中最常见的一个内容，施暴者会利用批判性的态度来描述受害者的不配合行为，并强调这些不配合行为可能会给身边人带来伤害，会给他人造成不良影响。这样的言辞会让对方产生罪恶感，使其丧失自主权，完全被施暴者控制。

很多人认为情绪勒索常常是自上而下的，施暴者对受害者保持更大的社交优势，但事实并非如此，即便是一些自下而上的社交，也经常会出现情绪勒索的现象。

在向上社交的时候，情绪勒索是一个比较常见的现象，很多向上社交者喜欢使用这种不合理的社交方式。比如很多向上社交者为了避免对方拒绝自己，会反复强调一点："我认为像您这样的人，是不会忍心伤害我这样一个小人物的，您看起来不像是一个无情的人。"当这样一句话说出口后，对方可能会感到非常压抑和不满，因为一旦自己不能满足这些条件，就可能会被定义成一个无情的人。

有些向上社交者也可能会这样说："我付出了那么多，一切都是为了您。我原本有很多更好的机会，但我还是选择跟着您。"这样说往往会让对方背负沉重的心理负担，担心拒绝他，会辜负他，把他逼上绝路。

比如，某人在经营企业的过程中遭遇了严重的危机，于是准备找一个行业内的前辈帮忙。双方见面后，这个企业家立即向前辈求助，希望对方可以借助高层人脉和社会资源帮自己渡过难关。可是这个前辈认为，这家企业的发展没有特色，抵抗风险的能力不高，很难做大做强，而且自己与对方素不相识，所以他并不想惹上这种麻烦事。

眼看前辈不肯帮忙，企业家有些着急，于是说道："我下面还有60多个员工要养活，一旦问题解决不了，我想他们就要失业了，您不能无动于衷。"听了这话，前辈非常不悦，他觉得对方这是在威胁自己和道德绑架自己，于是直接下达了逐客令。

有些人在与别人交谈时往往喜欢抓住人性的一些弱点进行攻击，在情感和道德上控制对方，这种做法往往会让人产生强烈的不适感，因此很容易遭到他人的排斥。其实，社交双方应该诚信交流，向上社交者想要说服对方，应该依靠自己的能力和价值，而不是使用一些自以为是的手段。

因此，向上社交者在使用情感武器来说服对方时，需要注意控制好尺度，不要进行情绪勒索。

以上面的案例为例，企业家在求人帮忙时，不要强调对方不帮忙，自己的60多个员工就要失业。员工失业是因为企业家经营管理不当，和其他人没有关系，对方帮或者不帮都是合理的，不应该将此作为威胁对方的砝码。向上社交者不要试图把自己将面临的不良后果与对方的行为直接关联起来，他们可以使用赞美的方式来引导对方："除了您，我不清楚自己还能找谁，不知道还有谁有能力解决这个难题。"

除了赞美之外，还可以适当加入一些关联事件进行暗示，比如企业家可以这样去说："您想必也知道×××公司的事情吧，最后该公司不得不宣布破产，导致300多人辞职。我不想自己和他们一样，当然我必须做得更好，这也是今天来找您的一个重要原因，希望您可以给予我一些指导。"

通过这样更加温和的表达，往往可以让对方感觉自己得到了尊重。

第七章

—— 提升自我调整的能力，让自己更受欢迎 ——

由于双方差距的存在，人们在向上社交的过程中，往往会遭遇各种压力和挫折。向上社交者如果不能及时排遣这些压力，个人的意志力和自信心会不断被消磨。正因为如此，向上社交者从一开始就要注意提升自己的自我调剂能力，选择以最合理的方式应对可能出现的压力，找到继续建立连接的方法，以及与对方和谐共处的方法。

走出舒适区，和自己不喜欢的人打交道

在向上社交中，人们对于自我成长和发展的需求很大，并以此为动力去经营自己的社会关系，打造质量更高、价值更高的社交圈。但是，在一般的社交中，人们可以依据自己的爱好、性格、职业来选择人进行交往，所以多数情况下，人们没有必要做出改变。而人们在向上社交的时候需要走出舒适区，简单来说，就是人们不仅要和自己合得来的人打交道，还要主动和一些自己不喜欢的人打交道。

比如，很多社交者会反感那些高高在上炫耀功绩的人，不喜欢那些冷眼看待他人的人，也不喜欢那些脾气古怪的人。但是，向上社交者出于社交需求，需要调整自己的态度，以更加开放的姿态去面对这些人。很显然，即便是面对一些自己不喜欢的人，但是由于这些人能够对自己的发展带来很大的帮助，人们便不得不与这些人打交道。

K先生准备调离岗位，公司的老总让他自己选择合适的部门和领导。第一位候选人是自己的老上司，为人比较和善，和K先生的关系也很好，当初也是对方带着他入行的，选择跟随老领导似乎是一个不错的选择。

第二个候选人是市场部的总经理，K先生一直都不喜欢这一类人。在他看来，对方是一个自大且无知的人，而且他听说对方平时工作中有些好大喜功，而且为人非常严格，动不动就责骂下属，官僚主义作风很明显。在公司里，这位经理甚至连续三年都是员工匿名投诉次数最多的领导。

K先生最终选择在市场部总经理底下做事。原因很简单，他认为自己的老领导虽然为人不错，但没有多少东西可教自己了，自己到市场部可以学习更多的新知识、新技能。更重要的是，这位自大的总经理虽然人缘很差，但是能力很强，其对于市场的敏锐判断，对于市场部团队的严格管理，一直都是顶级的。可以说，公司连续多年都可以获得不错的市场份额，有很大一部分功劳是属于总经理的。K先生认为跟着他可以获得更大的成长空间，对于自己的发展最有帮助。

入职后，K先生主动和总经理联系，还经常向对方请教工作中的问题，虽然经常会因为工作不到位被总经理奚落和批评，但是他还是非常享受这种工作状态。K先生很快便适应了新工作，还在对方的严格要求下变得更加强大，短短一年时间，他就被总经理提拔为市场部的二把手。

很多人都会将社交当成交朋友，会按照自己的喜好来决定和谁建立连接，这种思维存在很大的狭隘性。戴尔·卡耐基在《人性的弱点》中说道："扩大交际范围，培养自己的好奇心：不感兴趣的也要去，不管男性和女性都要兴致勃勃地活动。只有这样才能让人感受你的魅力，并让人感受快乐的气氛。不要让性格差异成为障碍：社交与选择朋友不完全是一回事。在社交过程中，不要用选择朋友甚至是知心朋友的条件来作标准，凡是志趣不符、性格不合的人一概拒之门外。在社交圈中认识的新朋友应是与你有较大差别的人才好。"

从某种意义上来说，人们需要改变自己的思维和理念，来进行自己的社交活动。

首先，我们要明白：向上社交不是为了找朋友聊天，也不是为了联络感情，而是为了个人的发展。想要获得更好的发展，就要和那些具有更大能力和更高价值的人交往，即便双方性格不合，即便双方存在一些差异，只要自己能够从对方那里学到更多有用的东西，能够获得成长的资源，那就要主动调整自己。在向上社交的过程中，人们要懂得去迎合对方。

其次，评价一个人的时候，要注意保持客观。我们不要总是盯着一个人的缺点，要多看看别人的优点和能力，向上社交者更要关注对方身上的闪光点，而不是被固有的观念和印象约束住。只有保持客观，更多地了解对方的优点，才能更好地推动自己的社交活动。一个人之所以成为行业精英，之所以进入更高的社交圈，正好证明了他在某一方面的强大。如果每个人都讨厌他，每个人都排斥他，他又如何能够获得这样的成功呢？

总之，人们必须更加理性一些，必须想办法推动自己做出改变。从生理学的角度来说，理性思维是大脑皮质控制的，一旦大脑边缘产生冲动情感以及冲动行为，大脑皮质就会给大脑边缘下达理性克制的命令，避免人们被愤怒、逃避、嫉妒等负面情绪影响。但是，这种指令的下达离不开一个传输组织：眼窝前额皮质。

眼窝前额皮质位于前额叶，是一个重要的神经传导组织，主要负责感知环境并指导个人的行为。它有三个功能区间，分别管理“我要做”“我不要”以及“我想要”这三种力量。“我要做”主要负责处理疑难杂症，遇到困难时，这一功能区会提醒人们不要偷懒和逃避；“我不要”主要负责抑制冲动，当人们做出不合理的决策时，这一功能区就会跳出来阻止；“我想要”则负责处理个人的欲望和生活目标，如果一个人的欲望太大，影响了个人的正常发展，这一区域就会出面干预。

斯坦福大学的神经生物学家罗伯特·萨博斯基认为，人类大脑的眼窝前额皮质不断进化，在现代人身上，它的主要作用是让人选择做“更难的事”。

比如星期天休息是理所应当的，但眼窝前额皮质会督促人们选择在这一天加班；又比如一份工作在30分钟就做完了，眼窝前额皮质会推动人们挑战20分钟内完成工作。

向上社交者需要想办法培养自己的理性思维，主动去挑战一些自己不想做的事情，结交自己不想结交的人，激活眼窝前额皮质，提升自己在向上社交中的表现。

向上社交，不能恶意破坏第三方的利益

说起社交活动，尤其是一对一的社交，人们往往会习惯性地认定，这是两个人之间的事情，但事实并非如此。由于人与人之间的联系越来越紧密，利益关系错综复杂，人们在追求自己的利益以及满足自身利益诉求的同时，可能会对其他人（第三方）产生影响。

比如，某公司的员工觉得老板开出的工资太低，就会和老板进行谈判。当然，单个员工或者几个员工组成的小联盟很难和老板对抗，因为他们没有足够的资本和能力去要求老板提高工资。事实上，老板掌控着更大的谈判优势，他不太可能就此妥协。

可是，如果员工们团结起来，采取抱团取暖的合作策略，然后集体同老板谈判，老板这时就很可能做出让步。因为老板一旦不能有效缓和矛盾，将会有大量员工罢工，公司将会承受巨大的损失。

那么，老板会就此妥协吗？也许不会，他会找到那些带头"闹事"的代表，许诺给予他们更多的好处，比如单独增加他们的工资，或者提高他们的奖金比例，又或者直接提拔他们。这样做可能会产生一定的效果，代表们因为自身利益得到满足，可能就会私底下和老板达成协议，不再继续带头谈判。

从个人的角度来说，代表们在向上社交中表现得很高效，成功让老板做出妥协，满足了自己加工资的愿望；但是，从整个团队来说是失败的，因为代表们在满足自己需求和利益的时候，是以牺牲同事的利益为前提的。

很多人在处理自己和同事之间的竞争关系时，可能会采取一些上不了台面的方式和手段，比如剽窃同事劳动成果、在老板面前告状、恶意抹黑同事等。社交者将自身的满足建立在牺牲他人利益的基础上，这种社交模式显然具有很强的破坏力，会对自己的个人形象产生严重的冲击，会对自己的社交关系产生很大的破坏。由于表现得过于自私，向上社交者可能会失去他人的信任，给自己的人际关系和事业发展带来很大的负面影响。

在向上社交中，社交原则、社交形象的树立至关重要。人们需要把握一些基本的运作规则，不能过分看重自己的利益，更不能做一些有违道义的事情。在很多时候，人们需要保持一种社交平衡，这种平衡不仅在于社交双方之间，还在于对周围人际关系的平衡。简单来说，个人在向上社交的同时，还要打造一个和谐的社交环境。

那么，具体要怎么做呢？

首先，在向上社交时，人们必须先厘清自己和周边人的关系，将自己与他人的利害关系梳理清楚，确保自己在追求自身利益的同时，不会对他人的利益带来伤害。在面对和自己有竞争甚至有冲突的人时，要尽可能绕过利益冲突点，避免矛盾被激化。面对拥有共同利益、共同目标的人时，一定要注意以共同利益为先。总之，向上社交者要有全局观，不能只看重自己，还要兼顾周围人群的反应。

其次，注意协调好短期利益和长期利益。很多人只看重短期利益，遇事不经过仔细考虑，结果经常会因小失大，给自己的长远发展带来严重不利的影响。因此，在向上社交的时候，必须考虑自己这么做会不会影响其他人，会不会遭到对方的报复，会不会对未来产生负面影响。

最后，向上社交过程中对第三方带来不好的影响时，即便是无心之失，也一定要及时向受害者进行解释，并寻求解决问题的方法。比如，职员通常需要向直属领导汇报工作，可是如果某一天，职员跳过了直属领导，直接接触更高层的领导，这可能在无形中得罪了自己的直属上司。那么，职员在接下来的工作中，很有可能处处遭到直属领导的针对和排斥。面对这种情况，职员一定要和直属领导及时进行沟通，消除误会。

从社会关系的角度来看，任何人都不可能独立存在，大家都处于一种相互影响的状态中。个人的行为不仅关系到自己，往往也会影响到其他人，而且想要完全隔绝基本是很困难的。正因为如此，人们在做出某个行动的决定之前，最好能够跳出自身设定的利益框架，认真分析和反省自己的行为，尽可能减少对外界的伤害，减轻对他人的影响。即便很多时候，影响不可避免，但在主观态度上一定要保持正面的、温和的交往策略，不能心怀恶意。

保持耐心，避免干扰对方做决定

场景一：销售者向一位企业家推销自己新研发的产品："在我看来，这个产品最适合您，无论是外形、质量、功能，还是技术含量都是同类型产品中最好的。听我的，准没错！我们一起合作，您就可以成为市场上最有竞争力的商家，就能够迅速征服市场。我做这行很多年了，对市场的判断向来很准，您应该相信我，错过这次机会就太可惜了。"

场景二：某人想要结识一位重要的客户，于是建议对方投资一个项目，可是对方在评估之后，反而选择了另外一个项目。此时，这个人迫不及待地劝道："您的选择当然也很好，但我觉得您还是应该看看我说的这个项目，它才是最佳的选择。"

场景三：某个员工跟着老板去采购，老板有意购买产品A，员工站起来说："要我说，产品B就非常好，产品A不好。我都已经帮您填好订单了，就等您签字呢。"

场景四：某职员和老板一起去开拓市场，两个人都倾向于先在A城打开市场，然后以此为根据地向周边城市辐射。在还没有正式做出决定之前，职员不断鼓动老板进军A城，甚至直接当着其他同事的面，强调老板已经做出了决定，让所有人做好准备。

以上几种向上社交的场景，存在一个共同点：向上社交者越俎代庖，试图直接替对方做决定，或者干扰对方的决策。仔细分析，这里分成两种情况：第一种情况是向上社交者担心双方的意见不统一，立场也不一致，便极力说服对方，希望对方按照自己的意愿做事；第二种情况是双方大致保持一样的观点和立场，但是向上社交者试图帮助对方做出最终决策。无论是哪一种情况，都触犯了社交的禁忌。

向上社交者处于从属地位，是围绕着对方来转动的，当他们试图去挑战对方的核心地位时，就已经破坏了社交法则。那些更具优势的人不会甘心被人牵着鼻子走，也不会允许别人质疑自己的判断，更不允许有人干扰自己做出决定。

向上社交者想要说服对方，必须展示出足够的价值，没有说服对方之前就迫不及待地进行干扰，甚至直接帮对方做出决策，无疑会让对方非常不满。很多人都希望自己更具影响力，希望人们能够按照自己的意愿做事。可是，强迫对方迎合自己，反而会引起对方的不满。因此，向上社交者应该把握一个原则：引导。

向上社交者一定要保持清醒的头脑和足够的耐心，可以适当引导对方进行思考，也可以说出自己的想法，但不要试图干涉别人已经做出的决定，更不要替别人做决定。意见和对方不一致的时候，可以这样说："我的想法可能略有不同，不过我相信您有您的理由""我还猜不透您的心思，想来您有什么好的想法""听起来是个不错的主意，能和我具体说一说吗"……向上社交者要做的就是引出话题，给双方的深入交流创造条件，然后通过更有效的表达来影响对方。事实上，只要对方的这个想法还没有正式落实，向上社交者就有机会继续进行引导。

有家创业公司想要获得风投公司的投资，可是风投公司却更倾向于把投资机会留给另外一家公司，这让创业公司的负责人感到非常沮丧，他于是委托自己的好友迈克帮忙。迈克正好在风投公司上班，是一位中层干部。

迈克接受委托后，打算试一试。几天之后，这家风投公司举办了一次内部聚餐活动，迈克趁此机会找到了老板。

“上周人事部呈交的那份名单，不知道您看好了没有，明天是不是要正式安排一下？”迈克问道。

老板一听，立即放下酒杯，说：“你瞧，我一忙起来，竟把这事给忘了！嗯，等一天再说。”

迈克故意提问：“您看起来最近很忙。”

“是呀，迈克，公司最近考察了几家公司，正锁定目标进行投资。”老板回道。

“哦，听起来应该是一个好项目，那有什么需要人事部去做的吗？”迈克热情地问道。

“这样吧，迈克，您要是有兴趣，可以帮我分析一下。”老板明显有些高兴，然后从公文包里拿出几份文件，分别是各家公司的基本资料。

迈克很快就看到了朋友的公司。当然，他更注意到另外一份文件上盖着的红色印章，也意识到这就是老板的第一选择。迈克不动声色地逐一进行分析，然后故意拿出朋友公司的文件和盖章后的文件认真端详起来。

过了一会儿，老板问迈克怎么样，迈克说道：“从资料来看，这家公司（盖章的）明显更加出色，它的市盈率、净利润，以及在过去三年的市场表现都是这些企业中最出色的，像这样的优质公司并不多见。当然，就我自己看来，这家公司的现金流似乎少了点。我对这家公司目前的发展状况看得不是非常清楚。如果公司的业务都是正常的，那么它的投资价值会非常高。”

迈克接着说道：“这家公司（朋友的公司）就相对比较平衡，市盈率、净利润很不错，现金流也很充裕，公司过去几年的增长率是最高的。它的问题在于是否还能在接下来的几年甚至十几年的时间里，继续保持高增长的发展态势。”

迈克表示这两家公司看上去都很不错，但需要公司老板自己去判断。老板听后连连点头，他放弃了之前的投资计划，重新召集高层干部进行讨论，继续对这两家公司进行观察和审核。迈克顺利地帮朋友争取了机会。

在处理类似的情况时，向上社交者一定要避免直接去否定对方，也避免直接给出自己的观点和立场，而要隐晦地引导对方按照自己的节奏去思考问题，从而寻求慢慢转变的机会。

如果双方立场保持一致，那么要保持耐心，不要急于让对方立即做决定。既然对方已经表达了自己的立场，那么向上社交者要做的就是静静地等待，而不要让对方觉得你迫不及待地想要促成此事，或者觉得你有什么越界行为。为了推动对方将意愿变成最终的决定，向上社交者可以继续进行引导：“您既然有这样的想法，那么接下来我们该怎样做呢？”或者说：“您下一步有什么打算，需要我做点什么吗？”这些都是比较隐晦的暗示，能够体面而高效地引导对方。

需要注意的是，在向上社交的过程中，一定不要出现类似“您必须”“您务必”“您最好”“您一定要”之类的词汇。它们往往具有一定的胁迫性，让人听起来很不舒服，对方可能会对这种近乎强迫的干涉行为感到愤怒。

产生冲突时，要注意以退为进

人与人之间的交往，难免会产生一些摩擦，无论是一些日常矛盾，还是利益上的竞争，都可能会引发冲突，向上社交也是如此。很多时候，双方会因为言语上的不和、观念上的分歧而产生纷争。

当双方产生矛盾冲突的时候，正面对抗并不是明智的选择，因为有可能产生更大的冲突，对双方之间的交流引起更大的破坏。此外，对方可能会依靠强大的实力进行压制，这可能会给向上社交者带来很大的麻烦。正因为如此，当冲突产生的时候，最重要的是先稳住对方的情绪。我们有时候不妨后退一步，先认真倾听对方的需求，然后迎合对方的观点，想办法维护对方的形象并趁机拉拢对方。

美国纽约电话公司曾经遇到了一位非常难缠的用户，他对电话公司的收费非常不满，不仅拒绝缴纳费用，还对接线员进行恐吓。此外，他还警告电话公司，自己将会拆掉电话。当时纽约电话公司的电话业务推广还不理想，而他又是一位大客户，在纽约有一定的社会地位，如果和他这样的客户产生纠纷，不仅不利于公司业务的推广，可能还会给自己引来不少麻烦。

果然，由于多次向这位客户催缴电话费，惹怒了对方，对方向公众服务委员控诉电话公司的收费不合理，还动用媒体关系攻击电话公司。电话公司不想把事情搞得很僵，多次派人进行协商，可对方态度非常强硬。一天，一位聪明的调解员决定亲自拜访这位用户。见面后，调解员没有多说话，希望听一听对方有什么看法和要求，对方直接发了一通牢骚。听完话后，调解员很快就分析出对方身上的一些特点：自大盲目、脾气暴躁、刚愎自用、拥有强烈的表现欲望。他当场向对方道歉，表示公司给对方带来了很大的困扰，紧接着，调解员谈到了自己创立“电话用户保障会”的事情。他认为对方是一个很有责任感的人，完全可以应用自己的社会地位和能力帮助更多的人，因此真诚地邀请对方加入这个组织。对方被打动了，当天就缴纳了所有的电话费，而且不再向公众服务委员会进行申诉。

在面对一个强大或者强势的社交对手时，如何解决分歧与冲突是一门技术活，从上面的例子中可以得出一些经验。

首先要倾听。向上社交者应该倾听对方有什么想法和要求。多数情况下，人们习惯于按照自己的意愿解决问题，但对方可能要的是尊重。他们需要的并不是获得多少补偿，而是自己的需求是否得到了重视，自己是否享有足够的话语权。鉴于此，向上社交者更应该静下心来倾听，听听对方的真实想法，了解对方的真实需求，看看对方的具体表现，然后从中找到更好的应对方法。

其次要迎合。无论是求人帮忙，还是抱着学习的态度，或者是单纯地想结识对方，向上社交者都要明确一点，自己是处于被动的、弱势的位置。在这个位置上，要表现出迎合性的一面，要更多地满足对方的需求和想法。这就要求向上社交者要尽可能地收起自己的棱角，避免直接发生对抗，在必要的时候要采取迂回作战的策略。其实，迎合性的举动表明了一个态度：“我不想和您发生冲突。”

最后要引导。简单来说，就是引导对方向自己靠拢。其实很多时候，情绪会主导个人的行为。人们可能会在冲动的状态下做出一些过激的行为，而想要双方保持温和的对话，就要控制好自己的情绪。

向上社交者可以寻找彼此之间的共同点，通过寻找共同点来淡化冲突，重新定义双方的关系。向上社交者可以告诉对方："我们这样做，是为了让事情变得更好。"或者"我们之间尽管有分歧，但有一点是一致的，我们都在替对方考虑这些事，对此我心存感激。"也可以这样说："不得不承认，我们的脾气和性格真的有点像。"

在交流之中发生分歧，可以寻求一个双方都感兴趣，或者双方的立场保持一致的新话题，以此来转移双方的矛盾。向上社交者可以这样告诉对方："对了，我听说您喜欢弹琴，有时间真的想听您弹奏一曲。"也可以这样说："我们先去吃饭吧，之后的事情慢慢聊。"

引导的目的就是为了缓和矛盾，给双方创造一个安静的环境，确保对方不会继续施加压力。当双方找到更好的沟通机会后，对方很有可能会重新审视自己的态度，然后控制好情绪，使交往顺利地进行下去。

一个出色的向上社交者必须怀有同理心，能够理解对方的立场和想法。肯尼斯·古地在《如何使人变得高贵》中说过："暂停一分钟，把你对自己的事情的深度兴趣，跟你对其他事情的漠不关心，互相做个比较，那么你就会明白，其他人也正是抱着这种态度！"也就是说，为人处世能否成功，全在于你是否能够用同理心接受他人的观点。当争执发生之后，通过倾听和反省，对他人的行为表示理解，这本身就是最好的迂回作战的方式。

被拒绝时，不要忘了表达感谢

一般来说，经营和维持一段正常的社交关系，往往需要有所付出。健康的付出是以充分尊重对方的意愿为前提，对方有权利接受或者否定，也可以提出自己的看法。而过度的付出是以逼迫对方接受为前提，一旦遭到对方拒绝，他们就会感到愤怒和沮丧。

社交本身就存在一定的风险，每个人在展开社交活动之前都应该进行评估，而不是草率地投入。过度付出的人通常都不受欢迎，他们对于社交关系的理解存在很大的问题，而且明显缺乏抗逆能力，不能正常地看待自己和他人，也无法合理地对社交风险作出评估。

向上社交者应该以健康的心态面对他人的表态，无论对方的态度怎样，都要给予最基本的尊重。比如，某人拜访了一位大客户，期待能够和这位大客户建立稳定的合作关系，并以此来提升自己的竞争力。然而，当他开口谈论双方的合作项目，希望对方为自己提供更大的支持时，对方却说："对不起，考虑到你们公司过去的表现，我并不认为你们已经做好了合作的准备。或者更直白地说，你过去的业务表现并不符合我的标准，我没有从你身上找到值得合作的理由。正因为如此，我并不打算同你合作。事实上，我还有一些其他不错的选项。"

听到对方这么说，这个人大概会抓狂，会在心里咒骂对方。他或许会生气地站起来说："我不知道你为什么要那样说，事实上这不是一个聪明的做法。像你这样的人，我实在非常庆幸没有同你合作，而且我觉得你这样的态度注定很难找到合适的合作伙伴。”

这样表达可以发泄心中的怒气，给自己挽回一点面子，但是也会导致这次的向上社交彻底失败。这不仅会使自己失去一个潜在的优质合作伙伴，而且这种富有攻击性的表达可能会彻底激怒对方，对方可能会动用自己的资源来继续给他制造麻烦。

如果他愿意做出调整，想办法给予对方一些更聪明的回应，情况或许会不同。比如他可以保持冷静，这样回复那位大客户：“老实说，您的坦诚让我印象深刻，感谢您指出我身上的不足。从发展的角度来说，像您这样的人愿意给我一些指导和教诲，对我来说真的非常荣幸，我将不断提升自己的能力和业务水平。当然，我也希望以后自己可以变得更好，并且有机会能与您进行合作。”

或者也可以这样说：“很可惜这次不能与您合作，但我还是要感谢您给了我见面沟通的机会。在过去很长一段时间内，很少有人像您一样，如此真诚地指出我身上的问题，这让我能够更加清醒地认识自己，并对自己以后的发展有更加合理的规划。此外，我希望有机会的话再向您请教，希望您可以给我更多有意义的指导。”

面对向上社交者如此大气的回复，相信对方不会继续为难和贬低他，很有可能会改变之前的沟通模式，表达自己的善意：“事实上，尽管有些小问题，但你做的已经算不错了。你知道的，我们的标准向来很高，在过去一段时间，我们拒绝了很多像你一样的人，还有不少优秀的企业。接下来，我们依旧会贯彻这样的高标准，当然，我也真诚地希望你能够越来越好，并期待着下次与您携手合作。”

当客户的态度更缓和时，便保留了双方能够继续保持社交连接的可能性。对方很有可能会因为这种态度而转变心意，而且还可以为下一次的社交奠定更好的基础。

史蒂芬·柯维在《高效能人士的七个习惯》中曾提到了一个重要的法则：90/10法则。柯维认为每个人生命的10%由机遇决定，剩余的90%则取决于个人的反应和态度。比如一个人在奋斗的过程中，可能会遭遇一些不可预知的意外和危机，这些意外就归属于机遇的范畴。任何人都不可能万事顺遂，个人能够把握的机遇并不多。但是，如果个人可以提升自己的抗击打能力、抗挫折能力，可以在危机面前保持乐观，可以培养自己的危机意识，那么就能够在危机到来时表现得更加出色。

正如上文的例子，遇到一个直接拒绝自己、批评自己的客户，这就是机遇问题。在被对方拒绝之后，销售员可以调整好个人的态度，表现出沉稳大气的一面，并尽可能展示自己的职业素养和高情商的沟通能力。这样就可以在不利的情况下有效挽救形象，让对方的态度更加缓和一些，甚至为双方之后的社交连接奠定基础。

显而易见，向对方表达感谢是一个非常巧妙的策略。它能有效缓和双方之间的尴尬，化解双方之间潜在的矛盾，为双方接下来的交流创造更好的条件，从而确保双方之间的关系维持在一个良性发展的层面上。

坚持，坚持，再坚持

相比于平行社交和向下社交，向上社交者要面对的问题和障碍有很多，而且这些障碍往往会破坏个人的社交目标，影响个人的社交计划。但是，这并不意味着人们会放弃向上社交，或者压制自己向上社交的需求，很多人一旦认准了自己的社交目标，就不会轻言放弃。

王永庆在1996年看中了一项很有前途的生意。他发现只要将山林中那些废弃的树梢和残损的木材收集起来，经过特殊的化学处理，就可以变成价值很高的纤维。废弃的树梢和木材的价格非常低，可以实现大批量的收购，而制造而成的纤维则可以卖出高价。这可以说是一项一本万利的生意。

可是，那时候的王永庆手头没有多少资金，正为无处贷款而发愁。这个时候一个银行家朋友向王永庆推荐了丁瑞央。丁瑞央当时拥有丰富的社会资源，无论是资金雄厚的国外银行，还是商界巨贾，他都认识。如果王永庆和丁瑞央建立良好的社交关系，就能够借助对方的力量解决资金不足的问题。

王永庆亲自登门拜访丁瑞央，重金邀请对方加入自己的公司，可是遭到了丁瑞央的直接拒绝。王永庆并没有气馁，他再次登门拜访。毫无疑问，第二次开口相邀依旧被回绝了。王永庆知道自己想要把握住这个商机，就一定要获得丁瑞央的支持，于是第三次登门拜访。可是，这一次还是失败了。

朋友们都劝王永庆放弃，可是王永庆不愿放弃。第五次拜访时，丁瑞央被王永庆的执着精神打动了，终于同意加入王永庆的公司。进入公司后，丁瑞央直接动用自己的人脉关系，帮助王永庆解决了资金不足的问题。

在向上社交中，遭遇失利是一个正常现象，毕竟想要成功打破圈层文化的影响和相关的限制并不容易。为了赢得高圈层人士的认同，为了获得优秀人士的关注，人们不仅需要提升自己的实力，还需要拥有百折不挠的决心。

向上社交的成败和很多因素息息相关，比如，个人的能力和价值如果不够大，那么往往很难吸引对方的关注；准备工作没有做好，也会导致社交失利。此外，对方的状态也非常重要，对方如果情绪不佳，或者身体不适，都可能给向上社交带来很大的阻力。

不过，虽然向上社交的时间、环境等因素都会影响对方的状态，但是这些完全可以找到解决的办法——坚持下去就行。

“坚持”在很多时候会被当成是一种美德，但其实它更是一种策略。比如，更多接触必然会带来更深的印象，而且这种不放弃的特质可能会令对方非常欣赏。又比如，与对方多接触的过程本身就是信息收集和完善的过程。社会关系的经营本身就具有互动的属性，个人的坚持行为往往会引导对方给予一定的回应，而这些回应就是继续交流的一个契机。正因为如此，向上社交者有必要保持更大的耐心和意志力，给自己创造更多的机会去完成目标。

——明确向上社交的目标，并保持社交的信念，不断督促自己去实现这个目标。一些人在向上社交遭遇失败后，会对自己的选择产生怀疑，认为自己不可能和对方建立社交连接，也没有能力去说服对方。如果人们改变自己的态度，坚定自己的目标不轻易放弃，那么就有很大的机会达成目标。

——坚持并不是简单的重复社交动作，而是要不断改进自己。向上社交者每次失利，都要认真反省自己的行为，思索自己哪些方面做得不到位，需要从哪些地方进行改进和提升。不断完善和改进社交方案，才能找到更高效的社交连接方式。

——注重个人形象展示。即便自己被人拒绝，也要保持风度和修养，要尊重和迎合对方，并且不断完善自己的形象。从个人的衣着打扮，到言谈举止，都要进行精心的修饰，争取给对方留下更好的印象。

需要注意的是，坚持再坚持，并不意味着死缠烂打。向上社交者要有自知之明，如果双方之间的关系比较僵，对方明显没有与自己社交的意愿，甚至非常排斥和自己进行交流，不如趁早放弃，寻找新的目标。此外，被人拒绝之后，不要立即联系对方，而要保持一定的间隔时间，这样不仅可以给自己留下更多反省的时间，也能给双方制造一些缓冲的时间，以免频繁交流引发对方的厌恶情绪。

说话前，先在头脑中过一遍

古希腊伟大的哲学家苏格拉底和一个老朋友碰面，老朋友一见面就迫不及待地要和他分享一件事，据说这是关于另一个朋友的事情。

对于这类八卦消息，苏格拉底向来不怎么喜欢，于是笑着对朋友说道："在你告诉我这件事情之前，我们可以做个三重过滤测试。"朋友听了很疑惑，不知道三重过滤测试是什么，但出于对苏格拉底的信任还是点头同意了。

于是，苏格拉底进行了解释："在你谈论我的朋友之前，最好先花一点时间过滤一下你一会儿准备说的话，这是有好处的。

"第一重过滤叫真实。简单来说，你能肯定自己所说的事情百分之百是真的吗？"

朋友有些疑惑地摇摇头说："我想不能！我也只是听别人说的，而且——"

苏格拉底没等他说完，便说："看来，你并不确定这件事是真的，那么现在我们来进行第二重过滤——善意。你要告诉我的这件关于我朋友的事情，是一件好事吗？"

朋友摇摇头。

"现在你不确定事情是真的，而且还是一件不好的事，听上去有些糟糕。不过，你还有机会接受第三重测试——实用。你要说的这件事对我有什么用吗？"

朋友有些尴尬地摇摇头说：“好像没有什么帮助。”

苏格拉底总结说：“好吧，如你所说，你准备告诉我的事情既不真实又不美好，而且对我没有任何帮助，那为什么还要告诉我呢？”

苏格拉底谈到的三重测试就像三个筛子，可以一点点筛选自己的语言。简单来说，我们在说话之前，应该思考自己所说的话出发点是否是好的，是否有意义。如果要说的话没有任何价值和意义，而且容易伤害他人，那么就没有必要说出口。在向上社交中，这非常重要。为了给对方留下更好的印象，人们必须确保自己的谈话不会出现太大的差错，不能随口说一些妄语。

在第一个筛子中，所说内容的真实性，其实反映了个人的社交态度，看他是否对社交活动足够重视，是否做了充分的准备。与此同时，也反映了个人在信息搜集、信息判断、信息整合方面的能力。如果一个人搜集的信息是虚假的，就证明他在这方面存在很大的漏洞，这样的人本身就是不值得信任的，毕竟虚假信息往往会误导人们的行动。举一个最简单的例子，某职员在调研市场时，偶然听说了竞争对手的市场动向，在不加判断和审核的情况下，就直接向上级领导汇报，致使领导不得不召开紧急会议制定应对措施。事后，领导发现这只是谣言而已，他对职员的表现非常不满，给予了严厉批评。

传递信息时一定要核实信息，保证信息内容的真实性。在明知信息存疑的情况下，依旧枉顾事实，说一些经不起推敲的话，试问谁还会信任他，并与之进行沟通呢？传递真实的信息，是双方建立正常沟通的前提。如果信息的真实性得不到保障，那么个人在向上社交的时候也无法赢得对方的信任。

第二个筛子，强调的是善意，简单来说就是个人的心理动机是善良的。

人与人沟通的时候，有的人心存善意，所说的内容让人听了很舒服；而有的人为了满足自己的私欲，不惜损害别人的名声，牺牲别人的利益。

比如，职员甲为了获得更多的优势，在领导面前打小报告，诉说其他员工消极怠工，甚至故意抹黑某个员工。这样的行为明显破坏了内部的团结，影响了团队的发展和进步，自然会被领导制止。又比如，有些人为了证明自己的能力，在和行业精英对话的时候，不断挑出对方身上的问题和错误。这样的行为显然会让人鄙夷，也会对其以后的社交带来不利影响。

第三个筛子，强调的是价值。如果向上社交者谈论的内容不会给对方带来任何帮助，也不会给对方带来实际的利益，那么往往很难说动对方。正因为如此，人们在向上社交的时候，必须做到言之有物，而且必须有最实际的价值输出。比如，一个人打算去和一个大客户谈合作，想要说服对方就一定要在沟通时重点强调自己能为对方带来什么样的收益，能够让对方获得什么实际的好处。

英国科学家法拉第在实验室中发现电磁感应后非常兴奋，认为这是一个足以改变世界的发现。然而，随之而来的研究经费短缺问题让他非常头疼。这时，助手建议："我们为什么不去找首相大人申请一点经费呢？"法拉第不忍心自己的努力白费，于是采纳了助手的建议，携助手一起去首相府申请经费。法拉第的助手见到首相后，主动谈论了电磁感应在未来日常生活中的应用价值，但首相听了并不感兴趣。

法拉第见状直接说道："我想我的助手说得很明白，科学可以带来发明，发明可以改变人们的生活方式。渐渐地，人们就离不开这个发明。到时候，我想您可以用它收税。"

一听说可以获得大量的税收，首相立即就动心了，于是让财政部立刻给法拉第的研发团队拨款。

相比于内容的真伪和善意，货真价实的价值才是人们最关注的，这也是向上社交者需要重点把握的一个问题。事实上，人们都渴望获得更有价值的信息，而那些成功人士和社会精英更是如此。因此，向上社交者在说话之前，应该先在大脑中过滤一下自己要说的内容，看看是否值得说出来。

第八章

— 努力提升自己，完善社交能力 —

向上社交中，想办法提升个人能力是一个最重要也最基本的任务。提升个人能力不仅包括强化个人的专业技能和社交价值，还包括提升个人的社交能力。由于向上社交活动本身是一个不断向上探索的过程，人们需要不断向更高层次发展，需要认识更优秀的人，因此在自我表现方面，也需要不断强化和完善，争取掌握更加高效全面的社交方法。

学习更多的知识，丰富自己的见闻

许多人在谈论社交能力的时候，常常会将它和个人的性格对等起来，认为一个人的社交能力太差，是因为性格不好。比如，不喜欢人多的地方，不习惯在别人面前谈话，或者因为害怕而无法把话说清楚。实际上社交能力的高低往往和个人的实力相关，这里的实力包含了很多方面。

个人的能力和价值不高，就会缺乏吸引力，自然无法成功建立向上连接。如果个人有实力，但是沟通技巧不行，同样会被他人排斥。个人的思维层次不够高，人生格局不够大，说话办事显得有些小气，不具备全局的眼光，没有长远的考虑，也难以打动那些优秀的人。

缺乏实力和资本的人想要在向上社交中提升自我，最直接的方式就是学习更多的知识，通过对全方位的知识的掌握，丰富自己的见闻，强化自己的知识储备能力，从而让自己的社交达到更高的水平。

那么，我们应该如何开展自己的学习呢？

首先，要阅读不同类型的书籍，拓展自己的知识范围，借助不同学科的知识来培养更丰富的思维模式。查理·芒格常常被人称为一位无所不知的投资大师，最重要的原因便是他博览群书，接触了不同体系的知识，并通过这些学习和阅读，打造了一百多种思维模型，然后通过这些模型来简化思考模式。

如果对那些擅长社交的人进行分析，就会发现他们大都拥有充足的知识储备，不仅在专业领域内拥有丰富的知识和经验，在其他领域内也有一定的研究和了解。他们拥有良好的学习习惯，一直在完善自己的知识体系，因此他们大都能够在社交中表现出自己的格局和思维层次，即便是一些看起来不善言辞的人，往往也能很好地驾驭社交活动。

对于向上社交者来说，多阅读是让自己变得更优秀的一个重要途径。平时可以阅读各种不同类型的书籍，像历史、心理学、经济学都是比较常见的学习科目，当然也可以依据自己的兴趣爱好和职业属性选择其他类型的书来阅读。一般来说，向上社交者不仅要懂得学习和阅读，还要与其他阅读者进行讨论，不断完善自己的知识。

其次，要懂得向优秀的人学习。这种学习主要包含了经验上的请教，社交方法的请教和模仿。向上社交者需要保持耐心和谦卑，认真向对方学习相关的方法。在学习的过程中，可以向对方请教社交的方法和经验，也可以跟随对方去参加社交活动，观察对方是如何说服和打动他人，又是如何解决社交问题的。通过近距离的观摩，人们往往可以获得更多的经验。

事实上，没有人天生就具备强大的社交能力，很多社交大师也是通过向身边人请教和学习，来实现自身的快速成长的。向上社交者多接触那些优秀的人，往往能够提升自己的能力。在学习的过程中，一定要注意保持主动性，凡事多问几个为什么，深度挖掘各种知识。此外，学习时要做好归纳总结，每天查验自己的收获，不断记录自己的成长。

最后，要参加一些培训课。参加一些高端的社交课，往往可以有效提升个人的社交水平。相比于日常的学习，培训课程更具针对性，而且知识的浓缩性更强。卡耐基的社交培训课程广受欢迎，除了很多普通人报名学习，大量的社会精英也纷纷报名。

销售训练大师汤姆·霍普金斯17岁进入房地产行业，他那个时候非常渴望遇到几个大客户，然后卖出十几套房子，现实却给了他一个狠狠的打击。由于不能把握客户的心理，也不清楚如何更好地沟通，霍普金斯的业务一直很差，整整一年竟然一套房子也没卖出去。后来，他参加了一个为期五天的销售培训课程，重点学习如何与客户交流，如何说服客户的技巧。由于悟性很高，他很快掌握了沟通的要领，并形成了自己独特的风格。接着，他将沟通要领运用在工作领域，很快便在行业内大展拳脚，创造了一年成交365套房子的惊人纪录。

向上社交者如果有条件的话，可以专门针对自己的社交缺陷，参加一些培训班，通过针对性的培训来强化自己的社交能力。

还有一点很重要，那就是实践。人们所学的知识，一定要及时在实践中进行验证和完善，形成自己的风格和经验。这样，才能使自己的能力得到增强。

经常思考，改进自己的社交方式

在《思考的技术》这本书中，有这样一段话："解决问题的根本就是逻辑思考能力。先见之明、直觉也是从逻辑思考中产生的。由于绝大多数人都没有养成逻辑思考的习惯，所以就缺少了能够解决问题的思路。

"每天锻炼逻辑思考能力，你就可以逐渐洞悉问题的本质。洞悉本质就是看清楚问题真正的原因，并导出正确的解决方法。

"不管自己的情绪如何，对于所呈现的事实，一定要虚心接受。因为这是解决问题的前提条件。只有弄清事实之后，才能进一步思考什么是正确的，什么是应该做的。"

思考是促进思想进化的一个重要方法，也是提升个人思维层次的关键。那些喜欢思考的人，往往会深入事物的本质，挖掘出事物内部最大的价值。不仅如此，他们还可以改进社交方法，以此来提升个人的社交效率。

一个善于思考的人，对于社交往往会有更高的要求，也会有更合理的规划，而且会在向上社交中展示出一个更加出色的自我。从某种意义上说，思考本身就是自我成长的一种途径，而比较常见的思考方式就是探索性的思考。简单来说，就是探寻新的方法和技巧。人们为了更好地融入社交活动，为了提升向上社交的效率，可以探索一些新的方法来满足向上社交需求。这里所强调的探索包含了以下几个方面的内容。

——哪些人才是更适合自己向上社交的对象？

——哪些方法更加高效？

应该构建一个怎样的社交体系？

对于探索者来说，他们思考的目的就是为了找到一种更高效的方式来建立连接，实现高质量的社交活动。这种探索并不是随意地猜测和尝试，而需要结合信息的收集工作来完成。假设某人打算认识一个大客户，不懂思考的人可能直接去找对方交流，试图碰碰运气。而那些善于思考的人，会想办法先了解对方的一些基本信息，弄明白对方的学历、兴趣爱好、社交习惯、闲暇生活、性格特征，然后针对性地进行信息整合和思考。他们会思考自己应该从哪一方面入手，应该选择什么样的方式接近对方，包括时间和地点的安排，社交主题的选择，都会经过认真思考。

相比之下，认真思考后制定的社交方案往往会更加高效。不过，这种思考往往需要建立在个人的生活经验和社交经验基础上，经验越丰富的人，思考越有深度。思考者还可以同朋友交流自己的社交方案，完善自己的规划，改进自己的社交方式。

除了探索性的思考方式之外，还有一种比较常见的自我反省式的思考。社交者往往会反省自己的社交活动，对相关的社交方法进行分析，反省哪些地方做得不够好，需要继续改进；哪些地方比较出色，可以继续强化。在自我反省的过程中，很多社交者会对自己的行为进行复盘，通过复盘来建立一个更为完善的社交方法和体系。

那么，什么是“复盘”呢？它最初是一个心理学名词，主要是指人们在完成某个流程或者完成某项任务之后，对自己所做的事情重新进行回顾和梳理，反思自己的思维模式和行为模式有什么不足之处，需要从哪些地方进行改进和强化。以复盘作为思考的方式，可以更具针对性地实现自我提升，在向上社交中是非常重要的思考模式。

许多人在向上社交之后，无论是成功还是失败，都不愿意总结和复盘，结果没有形成一个高效的方法，经常会犯同样的错误。比如，某人在与人聊天的时候，经常打断他人的谈话，或者喜欢直奔主题，而他从未思考过这些行为对自己的向上社交活动是否造成了消极影响，是否具有很强的破坏性，他很可能在接下来的向上社交中还会继续因为这些问题遭遇社交困境。

如果能够及时进行复盘，那么人们就会发现向上社交活动中存在的一些问题，从而及时找到解决问题的方法。复盘的内容有很多，包括社交的基本语言，社交的姿态和动作，社交的基本态度，社交的方法等。

那么，一般要如何进行复盘呢？

复盘有一个基本的流程，第一步就是回顾目标。简单来说，就是对之前所做之事的目标进行回顾，明确自己的目标是什么。第二步是对结果进行评估。查看最终取得的目标和最终的目标有什么差距，看看自己完成了什么，还有什么地方做得不到位。第三步是针对出现的结果进行深入分析，找到具体的原因。比如，找出自己获得成功的原因，找出自己失败的原因，将所有与之相关的因素按照重要性排列出来。最后一步就是总结规律。找出原因并不意味着下一次还能避免发生同样的错误，而对相关的情况进行总结，找出内在的规律，便能形成社交经验。

拿破仑·希尔早年听从了钢铁大王卡内基的建议，去采访各行各业中的精英，找出他们的成功之道。在采访他们的过程中，拿破仑·希尔不仅总结出了成功者的一些成功经验和共同点，还有效提升了自己的表达能力和社交能力。

一开始只是小人物的拿破仑·希尔，是如何赢得那些社会精英的认同和信任呢？他们凭什么会提供更丰富的采访资料，凭什么将时间浪费在一个小人物身上呢？拿破仑·希尔为此做了很多功课。他反复思考如何与对方进行深度交谈，反复思考自己需要怎样表现，才能赢得对方的信任。

由于自己的采访对象属于不同行业，生活环境和兴趣爱好也不一样，想要让所有人都能够认真听从自己的引导，完成采访工作，无疑是一项艰巨的任务。拿破仑·希尔没有被困难吓倒，他每次采访之后，都会回顾自己的采访过程，反思自己哪些地方做得不够好，然后想办法进行改进和完善。他还会了解对方的性格，分析针对这种性格的社交方法。凭借勤于思考和复盘，拿破仑·希尔的采访能力和社交能力越来越出色。依靠着自己积累的社会关系，他之后的采访工作越来越轻松。

一个出色的社交者懂得以发展的眼光来看待自己，要求自己。在他们眼中，向上社交是一个不断向上推动的过程，因此自己需要变得更加出色，需要掌握更丰富、更高效的社交技巧；而整个学习过程和自我提升过程，都需要借助思考，都需要强调自我的摸索、分析和完善。

理论结合实践，多参加向上社交的活动

很多人喜欢阅读一些有关社交技巧或沟通技巧的书。从社交效果来看，学习更多的理论知识和方法，的确可以在一定程度上丰富自己的表达技巧，可以找到连接的一些方法，但是理论研究和学习与真正的社交实践还是有所不同的。首先，理论知识很多都是在社交条件相对充分、相对理想的前提下来讨论的，而现实中的情况往往更加复杂，有时候根本不具备理想的条件，因此很多理论和方法无法顺利实施。其次，每个人面临的社交环境不一样，每个人面对的社交对象也不一样，而且每个人的自身条件也不一样，套用他人的方法，有时候可能会适得其反。

向上社交者需要明白两点：第一，很多好方法也许真的很不错，但未必真的适合自己；第二，任何一种高效的社交方法都是在自己的社交经验上总结出来的。人们需要自己去总结经验，寻找方法，需要依靠自己的能力去构建真正适合自己的社交模式。简单来说，就是积极参加更多的社交活动，想办法参加一些高层次的社交活动，和那些优秀的人进行交流。

多和那些优秀的人交流往往可以有效提升个人的社交水平。首先，社交的格局会不断提升和放大，思维层次得到提升，毕竟和更多优秀的人接触，多少都会受到一些影响。其次，社交的能力会有所提高，人们可以观察那些优秀的人，学习他们的社交方法。再次，在一个高端的社交环境和社交圈层中，人们会逼迫自己不断变得更加出色，以匹配自己所处的社交环境。最

后，人们可以将自己所学习或者掌握的社交知识用于实践，查验这些理论和方法是不是真的有效。总之，人们通过实践，可以更好地将理论和实践结合起来，从而找到适合自己的社交方法。

那么，人们究竟应该如何参加向上社交的活动，又应该如何去接触那些优秀的人呢？

首先，可以选择跟随别人。当自己没有能力去接触那些大人物时，可以让一些有实力、有能力的人带着自己去参加一些高层次的社交活动。通过这些人的牵线搭桥来赢得向上社交的机会。比如拼多多创始人黄峥在成功创业之前，曾经参加过巴菲特午餐，和巴菲特坐在一起畅聊，而那是段永平带着他出席的。相比于黄铮那时的籍籍无名，段永平很早就闯出了名堂，创办了小霸王和步步高，步步高还先后分成步步高、OPPO和VIVO三家公司。当段永平拍下和巴菲特共进午餐的机会时，黄铮也获得了和巴菲特交流的机会。

一般来说，向上社交者可以从身边人入手，看看自己有什么实力出众的同学，看看自己的亲戚中有没有人处在高层次的社交圈中，或者可以尝试跟着自己的前辈或者领导一起参加一些高端的社交活动，同时通过他们的关系去接触更多高层次的人。

其次，要主动接触那些更优秀的人。在这一方面，其实人们可以挖掘身边的资源，比如和那些能力出众的同行交谈，或者直接找自己的领导交谈。在一个企业或者组织中，领导往往是非常理想的社交对象，领导的能力、格局、思维层次、社会关系都比一般人更强。很多人通常只是在工作中和领导有一些交集，其实我们完全可以和领导建立更全面的社交关系。

向上社交者要多和身边那些更优秀的人交流，然后借助这些交流机会不断提升自己的社交能力，并以此为踏板获得更多更好的向上社交机会。

最后，要尽可能把握向上社交活动的机会。遇到自己心仪的社交对象，或者遇到理想的社交活动时，一定要把握机会。

一个年轻的创业者得知某位知名的企业家要来本地参加一次活动，他非常渴望和对方见面，并期待着能够得到对方的提点，可是按照自己的实力和地位，根本没有办法进入会场。为了达成心愿，他想到了一个主意：自己假扮成端酒的服务生，不就可以进入会场了吗？想到这里，他给了这次活动中的服务生一笔钱，成功替代了对方。

活动开始之后，年轻的创业者顺利见到了这名企业家，也听到了对方在活动中的讲话，这让他获益匪浅。在活动即将结束的时候，他端着酒杯向这名企业家敬酒，表示自己听完对方的讲话后萌生了创业的想法，希望对方可以给自己一些创业的建议。企业家看到自己的讲话鼓励了他人非常欣慰，不仅给予了他一些诚恳的创业建议，还主动留下了自己的联系方式。

机会往往都是人为创造的，保持向上的决心，拿出社交的主动性，就可以找到连接优秀人士的方法，获得突破社交圈层的机会。

需要注意的是，人们在想办法建立向上连接的时候，一定要做好社交笔记，回顾自己的每一次社交经历，记录社交中的收获。通过记录，人们可以更好地将理论与实践结合起来，打造适合自己的社交方法。

提升自己的观察能力

在社会心理学中，有一个著名的象征性互动理论，该理论认为人与人之间常常会通过传递具有象征性的符号进行互动，并产生相互影响。也就是说，在人与人之间的互动中，任何具有象征意义的符号本质上都可以作为一种交流的方式，人们也可以依据某些象征性符号对他人行为倾向做出合理的预测和估计。

美国知名心理学家乔艾琳·狄米曲斯在《读心术》这本书中说道："我个人的经验告诉我，读人既不是科学，也不算天分。它侧重的是，知道该去看些什么？听些什么？具有好奇心和耐心去收集重要的资讯，并从一个人的外貌、肢体语言、声音和行为上归纳出他的模式。"

"从一个人的外貌、肢体语言、声音和行为上归纳出他的模式"，这就是个人察言观色的能力。聪明的社交者首先要懂得察言观色，这也是提升社交能力和表达技巧的一个重要保障。如果不具备观察能力，那么就无法更准确地了解对方内心真实的想法，也无法了解对方的需求和行为动机。

以肢体语言为例，善于察言观色的人能捕捉对方最细微的动作。如果对方在对话时坐姿端正，双手平放在膝盖上，身子稍向前倾，通常表明自己的谈话成功引起了对方的兴趣，显示出他对沟通对象非常尊重和崇敬。如果对方在谈话时两腿站直，胸部直挺，双手自然下垂，双目平视，通常表明他的精神状态很好，对自己的谈话充满自信。如果对方在谈话时将双手插入口袋，这通常表明对方没有说真话，至少在有意隐藏部分信息。这些动作指出了一点：对方可能根本不相信眼前的人和事，也无意继续交流。如果对方在谈话中左顾右盼，还动不动摆弄桌子上的茶杯，通常表明他们心不在焉，对谈话提不起什么兴趣，并且希望尽快终止谈话。

如果对方在谈话时将手臂交叉在一起，或者手指重复敲打桌面，通常表明对方对彼此之间的谈话已经失去了耐心。

不同的细节和肢体动作体现了不同的心理状态，也代表了不同的想法。了解肢体动作，往往可以更清晰地了解向上社交的相关情况，决定自己应该怎么做。

相比之下，人们对于语言的解读能力更强一些。语言在传递信息方面的作用更加直接一些，除非一些比较隐晦的说法，一些深层的暗示，需要更出色的倾听能力和理解能力。一般来说，向上社交者关注对方说话的内容（字面意思），语气与速度，说话时的表情，强调的点，便可以挖掘话语背后的深意。

除了肢体动作和口头语言，向上社交者还可以从对方的一些行为习惯和兴趣爱好上了解对方的内心世界。比如在心理学中，很多人会通过颜色来辨别一个人的性格和爱好。

喜欢白色的人通常非常在乎健康，他们非常在意自己是否衰老，渴望像婴儿那样具备旺盛的生命力。一般来说，健康是他们比较喜欢的话题。他们通常都非常喜欢装扮自己。

喜欢粉红色的人通常更加向往爱情，对异性充满了兴趣。通常，这类人正陷入热恋之中，或者喜欢上了某个人。同这种人交流，可以以爱情为主题，也可以分享彼此的情感经历。

喜欢黄色的人通常热衷于寻求刺激，他们喜欢漂亮的衣服和可口的食物，而这一切都以经济条件为基础。因此，他们对于财富充满了兴趣，不会轻易放过挣钱的机会。

喜欢绿色的人通常具有较为强烈的表现欲，他们喜欢成为人群中的焦点和明星，希望成为电影明星或者歌手。为了实现自己的目标，他们会不断提升自己的表达能力，也不害怕与人发生争辩。

喜欢黑色的人通常热衷于追求权势，他们渴望支配其他人，渴望获得更高的权力，并愿意为之努力和奋斗。和这种人打交道，要注意迎合他们，并给予他们更充分的尊重。

向上社交者需要关注对方的一言一行，要时刻注意周边的社交环境，因为社交环境与社交行为有着紧密的联系。这里所强调的环境包括了社交的地点（对方是否喜欢这个地方，这个地方是否适合交流）和社交的大背景（外界发生了什么事，出现了什么政策，对方身上发生了什么），还包括他人的表现和反应。许多出色的向上社交者会重点关注其他人的反应，通过观察他们的表情和言行，来窥测对方的内心，了解自己的表现是否合理。

一个人受邀参加活动，在活动中遇到了行业中的一位大佬。他打算和对方攀谈，希望以后有机会向对方学习。他走上前刚打完招呼，就习惯性地从口袋里掏出一包香烟，对方立即微笑着拒绝了。接着，他发现大佬的秘书用怪异的眼神看着自己。他非常疑惑，刚想过去询问原因，对方却礼貌地摆摆手，走开了。

这个人有些不悦，觉得对方不太礼貌。他知道对方非常喜欢吸烟，他搞不懂为什么对方会拒绝自己递烟的举动，难不成是看不起自己吗？一想到这里，他就觉得更气愤了，根本没有心思参加活动。好不容易熬到了活动结束，他迫不及待地起身离开。不料，刚打开房门，他发现举办活动的会场门口摆放着一个很大的警示牌：活动场所禁止吸烟。此时，他终于意识到对方为什么不愿意和自己交谈了。这样大的警示牌自己进门的时候，竟然丝毫没有注意到，他不禁懊悔万分。

在心理学的众多流派中有一个新行为主义学派，该学派认为人的行为受到环境和心理两方面因素的共同影响，单纯分析个人的心理活动往往会显得片面，正确的做法是将个人表现置于社交环境中进行分析。善于观察周围的环境，才可以有效把握对方行为逻辑，迎合对方的需求。

向上社交者需要全方位提升自己的观察能力，这样才能更好地制定社交策略。观察能力的培养和提升，本身就是个人社交能力提升的基础和重要表现。

后 记

收集完善的信息，制定完整的社交规划

许多人之所以难以在向上社交中获得实质性的帮助，也无法形成突破，其中一个重要原因就在于他们缺乏合理的社交规划。作为一种重要的社会活动，向上社交的质量和价值与个人的表现息息相关，而个人的表现往往需要建立在计划的基础上，只有制订合理的计划和规划，才能确保自己的向上社交活动按照合理的节奏来展开。

严格来说，一个合理的社交计划必须包含以下几个基本要素。

——为什么要社交

简单来说，就是参加社交活动的原因和动机是什么。比如，为了求人办事，解决自己遇到的难题；为了促进合作，提升自己的竞争力；为了向对方学习，获得先进的经验和知识；为了联络感情，获得更优质的社会资源。每一个向上社交者都要明确自己的社交动机，这是推动社交合理化的一个基本要求。

——社交的主题

社交的主题简单来说就是整个社交因什么话题而展开，或者围绕什么话题来展开。这是明确动机后，需要弄清楚的关键点。很多人在向上社交时常常不知道自己应该说点什么，也不清楚自己到底要做点什么，甚至脑子一片空白，就是因为没有一个明确的社交主题。是谈论经济话题，谈论合作，谈

论健康，还是谈论家庭生活？当主题不明确的时候，谈话就很难顺利展开，便会陷入被动状态。因此，人们在向上社交的过程中需要找到一个合适的主题。

——和谁进行社交

“向上”只是一个基本的原则，不是决定社交效果的关键因子，很多人认为与更高圈层的人接触，就一定有所收获。但事实上，人们在向上社交过程中需要寻找合适的社交对象。比如，一个搞科研的人，可以向行业内最出色的科学家咨询和请教，而不是随便找一个精英律师或者医生进行交流。明确和谁进行交流，实际上是整个向上社交活动的一个核心内容，因为只有找准了人，才能制定合理的规划。

——社交的地点、时间

无论是参加某个社交活动，还是向对方发出邀约，都需要选择合理的时间和地点，以显示对对方的尊重。以时间为例，不要选择对方上班的时间，也不要太早或者太晚，以免影响对方正常休息，最好选择一个双方都比较宽裕的时间段。至于地点，一般要依据对方的性格和习惯来安排，档次不能太低，私密性应该强一些，最好能迎合对方的性格和兴趣。

——社交的最终目标是什么

如果说为什么而社交是寻找动机，那么明确社交目标就是打造一个愿景，并通过这个愿景来推动自己的行为。目标和动机有时候很接近，但又有所不同，动机是原因，而目标是自己的需求和愿景。比如一个人的生意遭遇了危机，他准备与大客户交流，向对方寻求帮助。从长远发展来看，这个人可以制定更远大的目标：和对方建立持久的合作关系，依靠对方的能量成长为行业中有实力的企业。社交目标也可以分解成多个小目标，比如第一次见面的目标：不谈论合作的事，只聊家乡的事，争取要到对方的联系方式。第二次见面的目标：约对方出来一起吃饭，促进感情交流，争取和对方成为好朋友。第三次见面的目标：说出自己的合作意愿，争取让对方点头同意。第四次见面的目标：想办法扩大合作范围，并获得对方生意资源的分享。了解和明确自己每一次的社交目标是什么，才可以制定相应的对策。

——社交的具体方案是什么

当选定合适的社交对象之后，最重要的就是制定社交的具体方案，包括如何展开对话，选择从什么话题开始切入主题，具体的社交流程是怎样的，如何控制好谈话节奏，如何引导对方的行动，准备要提的问题，有什么备选方案，以及如何制定一份社交应急预案。关于怎样社交的问题，实际上不同的人有不同的方法，它并没有一个统一的方式和标准。对于多数人而言，制定的具体社交方案必须为实现社交目标而服务。

事实上，“和谁进行社交”是所有要素的前提，只有弄清楚和谁进行社交，整个社交计划才能有针对性地展开，包括社交的时间、地点、社交活动的主题安排、社交活动的操作流程等都必须围绕“和谁进行社交”这个要素来设定。而社交的原因和动机虽然讲述的是一种现实需求，但其实也是“为什么要和他开展社交活动”。这句话可以间接转化为“我能够从对方那儿获得什么”，或者说“我想要从对方那儿获得什么”，其本质还是构建在“和谁进行社交”这个大前提之上。

一般来说，向上社交者可以依据自己的现实需求选择几个候选人，一般以3~5个为宜。社交者可以对每一个候选人进行细致研究，了解对方的一些基本信息，包括职业、性格、爱好、能力，也包括对方平时会参加什么样的社交活动，和什么人进行交往，社交表现如何等。通过这一轮的了解，向上社交者可以过滤掉一部分人，争取选出1~2个社交对象。接下来就要针对这些人进行社交部署。向上社交者需要想办法挖掘更多更详细的信息，如了解对方最近的生活和工作状态，看看对方最近在做什么，有什么特别的安排，在工作中取得了怎样的业绩。

总之，掌握更充分的信息，才能选出合适的社交对象，才能制订合适的社交计划。